KB213790

오늘 나는 선을 넘는다

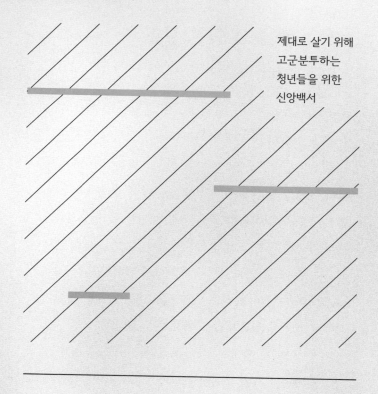

제대로 살기 위해
고군분투하는
청년들을 위한
신앙백서

오늘 나는 선을 넘는다

박찬열
지음

꿈미

추천사

■ 정보의 과잉을 넘어 가히 홍수라 표현할 수 있는 시대입니다. 신앙의 여정에 있어서도 마찬가지입니다. 많은 크리스천이 믿음은 있으나 그 믿음을 가지고 어디로 향해야 할지 몰라 발걸음 떼기를 망설이고 있습니다. 청년의 경우 더욱 그렇습니다. 눈앞에 놓인 수 갈래의 갈림길에서 갈피를 잡지 못하기 십상입니다. 이 책은 그런 신앙인들, 특히 청년 크리스천들을 위한 일종의 안내서입니다. 그리스도인이라는 정체성이 분명할 때, 우리는 여러 선택지 앞에서도 주의 길을 택할 수 있습니다.

저자는 청년들과 함께 발맞춰 온 목회 경험을 통해 현실적인 고민과 갈등 앞에서 어떻게 그리스도인이라는 정체성을 가지고 살아갈 수 있는지에 대해 이야기합니다. 성육신하신 그리스도는 이 땅에서 당시의 통념을 뛰어넘어 진정한 사랑의 본을 보이셨습니다. 그리고 그 길에서 우리를 부르고 계십니다. 그리스도인은 멈춰 서 있는 사람이 아니라 신앙의 여정을 걷는 사람입니다. 부디 갈림길 앞에 망설이고 있는 청년들이 이 책을 통해 그리스도인의 정체성을 깨닫고, 신앙의 방향을 바로잡으며 나아갈 용기를 내기를 소망합니다.

_김병삼(만나교회 담임목사)

■ 사도 바울은 사명을 위해 달려간 사람입니다. 달린다는 것은 그의 인생에 분명한 방향이 있었음을 알려 줍니다. 목표와 방향이 분명한 사람만이 달려갈 수 있기 때문입니다. 오늘날 수많은 사람이 마음속에 선을 긋고 살아갑니다. "나의 한계는 여기까지야", "내 목표는 여기까지야"라며 경계선을 그어 놓고 그 안에 안주합니다. 그러나 내가 만든 울타리 안에는 참된 평안이 있을 수 없습니다. 참 평안은 오직 하나님만이 주실 수 있기 때문입니다.

박찬열 목사님은 세상이 그어 놓은 선, 내 마음속에 스스로 그어 놓은 한계선을 넘어가라고 권면합니다. 성경에 등장하는 수많은 믿음의 선조는 모두 그 선을 넘어간

자였습니다. 그 선을 믿음으로 넘었기에 하나님과 동행할 수 있었습니다. 그런 의미에서 이 책은 우리에게 믿음이 무엇인지 고민해 보게 해 줍니다. 선 안에서 안주하던 우리의 영혼을 흔들어 깨웁니다. 이제 우리도 일어나 달려갑시다! 믿음으로 달려갈 때, 그 선은 한계선이 아닌 출발선이 될 것입니다.

_주경훈(오륜교회 담임목사)

■ 25년을 함께 동행해 온 박찬열 목사는 왕이신 예수 그리스도의 자녀로서 드리는 예배가 어떤 것이어야 하는지를 늘 기억하게 해 주는 예배자입니다. 〈사랑한대 안고있대〉, 〈넌 내 자식이다〉, 〈와 우리 하나님〉, 〈주가 그리스도다〉와 같은 박찬열 목사의 찬양들은 자녀가 아니라면 고백할 수 없는 가사들을 담고 있기 때문입니다. 책을 읽는 내내 개인적으로 참 좋아하는 그의 찬양 속에 담긴 꾸밈없는 향기들이 개척교회의 담임목사로 11년을 사역해

온 지금까지도 변함없이 책장 사이사이에서 진동하고 있음을 확인할 수 있어서 행복했습니다.

그런 한결같음이 개척 당시 동행을 시작한 스태프들과 11년이 넘어서는 지금까지도 여전히 동행할 수 있는 이유가 아닐까를 생각하며, 앞으로 펼쳐질 박찬열 목사와 노크교회 역사의 첫걸음으로 기록될 소중한 책을 한국과 열방의 예배자들께 기쁜 마음으로 추천합니다.

_김도훈(시카고순복음중앙교회 담임목사, 〈보혈을 지나〉 작사작곡가)

■ 오늘날 가장 넓은 세상을 향해 힘차게 나아가야 할 청년들이 시대가 그어 놓은 기준과 스스로 만들어 낸 한계라는 '선' 안에 갇혀 있습니다. "나는 여기까지가 한계야", "이건 불가능해"라며 미리 결론짓고 주저앉아 버립니다. 그 선들이 하나둘 쌓여 그들을 가두는 창살이 되었고, 그 창살 안에 갇힌 청년들은 날개를 활짝 펴 보지도 못한 채 움츠린 모습으로 머무르고 있습니다.

『오늘 나는 선을 넘는다』는 믿음의 도전과 하나님의 은혜를 향한 깊은 고백이자, 청년들에게 주는 따뜻하고 강력한 메시지입니다. 우리가 마주하는 삶의 여러 한계 앞에서 좌절하거나 주저앉지 않도록 말씀으로 그들이 넘어야 할 '선'을 명확히 짚어 주며 그 너머에 있는 하나님의 뜻을 향해 나아가도록 이끌어 줍니다.

이 책은 단순히 읽고 끝나는 책이 아닙니다. 나의 삶과 믿음, 그리고 '오늘'이라는 시간을 깊이 돌아보게 합니다. 날카로운 도전은 잠들어 있던 우리를 흔들어 깨우고, 따뜻한 위로는 지친 마음을 부드럽게 감싸 줍니다. 그리고 책이 던지는 묵직한 질문들에 답하다 보면, 어느새 우리는 그 한계를 넘어 우리를 기다리고 계신 예수님 앞에 서 있게 될 것입니다.

책을 덮은 후에도 마음속에 오래도록 남는 말이 있습니다. "오늘 나는 선을 넘는다. 나를 막는 모든 것들을, 믿음으로 넘어간다." 이 책은 단순한 설교집이 아닙니다.

이 시대를 살아가는 모든 그리스도인에게 보내는 하나님의 다정한 초대장이자, 당신의 '오늘'을 다시 일으켜 세우는 응원의 메시지입니다.

_최병락(강남중앙침례교회 담임목사)

■ 책을 읽어 내려갈 때마다 물 흐르듯 자연스럽게 읽혔으나 한 장 한 장 읽고 나서 깊이 생각에 잠겨 다음 장으로 가는 시간을 가질 수밖에 없었습니다. 먼 이상처럼 보였던 성경의 이야기가 얼마나 현실이고 실제인지를 삶에서 경험해 보았을 예화로 잘 풀어내었습니다.

이 책은 제목처럼 우리가 가지고 있는 두려움의 선, 상식의 선, 이성의 선에 막혀 보지 못했던 성경 속 하나님의 본심을 독자들의 손을 붙들고 보여 줍니다. 선 너머에 계신 실제이자 현실인 하나님의 마음과 계획을 친절하게 보여 주고 있습니다.

성경이 이성과 상식에 담을 수 없지만 충분히 이성적

이며 충분히 합리적이고, 상식적이며 그리고 너무나 실제라는 것을 보여 주고 있습니다. 살아 계시고 실제하시는 하나님을 경험하기를 소망하여 인본주의의 선을 넘고자 하는 청년에게 강력히 추천합니다.

_김선교(다윗의열쇠 사역자, 키퍼스처치 담임교역자)

■ 사람들은 선 긋는 것을 참 좋아합니다. 그리고 자신이 그어 놓은 선 안에 거하며 이곳은 안전하다고 생각합니다. 나도 이 선을 넘지 않을 테니 너도 이 선을 침범하지 말라고 합니다. 그러나 그것은 세상이 우리에게 심어 놓은 생각과 편견입니다. "선 넘지 마", "넌 딱 거기까지야"라고 말입니다.

　노크교회의 짧고 강렬한 메시지들이 세상이 그어 놓은 선을 넘어 하나님께로 달려가고 싶게 만듭니다. 지금 당장 내 안전지대를 벗어나 하나님과의 모험을 강행하도록 마음을 일렁이게 합니다.

옥합을 깨뜨려 드림으로 선을 넘어 예수님을 향한 사랑을 드러낸 마리아처럼, 지붕을 뚫고 구멍 사이로 병자인 친구를 내려보냄으로 선을 넘어 예수님을 향한 간절함을 드러낸 친구들처럼, 선이 기준이 되는 삶이 아닌 말씀과 믿음을 기준 삼아 세상을 살아가려는 청년들에게 이 책을 강력 추천합니다.

분주하고 어지러운 세상에서 예수님을 닮기 위해, 예수님을 따르기 위해, 예수님의 말씀대로 살기 위해 고군분투하는 청년들에게 좋은 길라잡이가 되어 줄 것입니다.

_우미쉘(만나교회 부목사)

머리말

　성경에서 선악과 이야기를 보면 중요한 교훈을 하나 깨닫게 됩니다. 그것은 바로 인간이 정보를 제대로 다룰 준비가 되어 있지 않다는 점입니다. 에덴동산에서 아담과 하와는 하나님의 말씀을 어기고 선악과를 따 먹었습니다. 그리고 막상 선악을 알게 되자 갑자기 두려움과 걱정에 휩싸였습니다. 이러한 일은 오늘날 우리에게도 일어나고 있습니다. 정보가 부족해서 두려워하며, 정보를 얻지만 어떻게 할 줄 몰라 혼란스러워합니다.

　문제는 무엇일까요? 정보가 아니라, 정체성이 먼저라는 것입니다. 정체성 없이 정보를 쌓으면, 아담과 하와처럼 우리는 혼란에 빠집니다. 이 책은 이 시대에 크리스천으로 살면서, 많이 보고, 많이 들었지만, 어디로 갈지 모르는 청년들을 위해 길을 제시하는 책입니다. 방향이 정해지면, 앞으로 나아가는 것은 어렵지 않습니다. 장애물을 건너가는 것은 힘들지언정, 갈등이 되지는 않습니다.

　예수님은 방향이 분명하셨습니다. 그래서 수많은 정

보에도 흔들리지 않고, 오히려 세상이 그어 놓은 선을 넘으시며 생명을 구하셨습니다. 세상의 정보가 만들어 놓은 선에 갇히지 않고, 생명과 사랑을 위해 걸어가셨습니다. 예수님은 우리가 그렇게 하기를 원하고 계십니다.

세상이 주는 정보를 너무 많이 알아 버린 나머지, 하나님이 당신을 위해 예비하신 선물을 포기할 생각인가요? 불가능과 편견의 선을 넘으세요. 내가 하나님보다 나의 습관을 더 잘 안다고 생각해서 시도도 안 해 본다고요? 과거의 나를 가둔 중력의 선을 넘으세요. 그때 크신 하나님 안에서 당신의 진정한 존재를 발견하게 될 것입니다.

이 책은 지난 11년 동안 노크교회에서 예수님과 함께 믿음으로 도전을 넘어섰던 이야기들과 청년들에게 전하고 싶은 메시지를 짧은 설교 형식으로 담았습니다. 이 이야기들이 여러분에게 힘이 되기를 원합니다.

이제, 당신 차례입니다. 예수님과 함께 믿음으로 선을 넘어갑시다.

박찬열

차례

Message 2.   Calling

Message 3.   Attitude

Message 4.

Remember

Message 5.

Church

Message ①.

The LORD

당신이 지금 이 자리에서 살아가고 있다는 것 자체가
하나님께서 신실하게 역사하신 증거입니다.

지금 당신이 누구인지 아십니까?
스스로에게 외치십시오.

"내가 이 자리에 있는 것 자체가 하나님이 살아 계시다는 증거다."

하나님은 아저씨가 아니다

많은 청년이 열심히 삽니다. 도전도 많이 하지만, 그 만큼 실패도 많이 겪습니다. '내가 지금 잘하고 있는 걸 까?', '이 길이 맞는 걸까?' 답은 보이지 않고, 생각도 정 리되지 않습니다. 그럴 때마다 주저앉고 싶습니다. 그런 때가 오기 전에 우리는 미리 무장해야 합니다. 비가 올 때 댐을 쌓는 사람은 없습니다. 햇볕이 내리쬘 때 미리 댐을 쌓는 법입니다. 마음도 마찬가지입니다. 평상시에 무장해야 합니다. 그렇다면 낙심과 절망이 밀려올 때 우 리는 하나님 앞에서 어떻게 서 있어야 할까요? 가장 중 요한 것은 내가 누구인지를 기억하는 것입니다. 내가 하 나님의 자녀임을 알아야 합니다.

어느 날, 아빠와 중학생 아들이 함께 야구를 하고 있 었습니다. 아빠가 너무 멀리 던지지는 말라고 당부했으 나 아들은 있는 힘껏 공을 던졌습니다. 힘차게 날아간 공은 결국 옆집 창문을 깨 버리고 말았습니다. 창문이 산산조각 나자 옆집 아저씨가 얼굴을 붉히며 집 밖으로 뛰쳐나왔습니다. "어떤 자식이 깼어?" 아저씨가 소리치

자 아들의 마음은 덜컹 내려앉았습니다. 이때 여러분이라면 어디로 숨겠습니까? '아빠' 뒤로 숨을 것입니까, 아니면 두려움에 '옆집 아저씨' 뒤로 숨을 것입니까? 만약 이 상황에서 창문을 깬 중학생 아들이 아저씨에게 고개 푹 숙이고 가서 이런 말을 한다면 어떨까요? "아저씨, 제가 죽을 죄를 저질렀습니다. 제가 보상을 해 드리죠. 민사로 가시나요? 형사로 가시나요?" 이것이 일반적으로 보이시나요? 과연 맞는 행동일까요? 옆에 함께 있는 사람이 아빠라는 사실을 잊은 것처럼 보입니다. 마치 자신이 보호자가 없는 사람인 양 행동하고 있습니다. 아빠는 아들에게 소리칩니다 "이쪽으로 안 와? 이 자식아! 이쪽으로 와! 아빠가 책임지니까!" 이런 아버지의 이야기를 듣고도 아들은 "아냐, 아빠, 내가 죽을 놈이지. 아저씨의 종이 되어 내가 책임질게"라고 외치며 옆집 아저씨 옆에 더 바짝 붙습니다.

지금의 이 상황을 보고 어떤 생각이 드시나요? 도대체 뭐하는 애인가 싶은 생각이 들지 않으신가요? 왜 그런 생각이 들까요? 중학생 아이에겐 자신이 책임질 수 있는 능력이 없음을 우리가 알고 있기 때문입니다. 그러나 사실 이 이야기는 우리의 이야기입니다. 실제로 많은 청년이 넘어질 때마다 '옆집 아저씨'에게 가서 숨습니다. 하나님이 아닌 다른 것 뒤에 숨습니다. 자신을 전혀 도울 수 없는 것을 아버지라 부르고 삽니다.

창문 한 장이 아니라 백 장을 깨더라도, 중학생 아들이면 자기 아버지 뒤에 가서 숨고, 도움을 청해야 마땅합니다. 그런데 우리는 죽어라 '옆집 아저씨'한테 가서 숨습니다. 두려움을 '아버지'라 부릅니다. 우울함 뒤에 가서 숨고, '이게 나야'라고 스스로를 정의합니다. 낙심과 이야기를 더 오래합니다. "낙심 왔니? 오늘은 좀 일찍 왔네? 잘 지냈어?" 하나님과의 대화 시간보다 더 많은 시간을 낙심과 함께 뒹굽니다. '이번 주 왜 감정 기복이 안 오지? 올 때가 됐는데? 어! 왔다!' 하나님을 기다리는 시간보다 더 간절히 기다리고, 문을 활짝 열어 두고 익숙하게 맞이합니다.

어떤 사람은 참 이상합니다. 예배가 시작되고 말씀이 증거되기 시작하면 갑자기 합리적이고 논리적으로 변하는 사람이 있습니다. 설교를 들으면서 '저런다고 상황이 변하냐?', '어떻게 기도가 환경을 움직여'라고 생각합니다. 주중에 한 번도 합리적이고 논리적이지 못하다가 갑자기 예배 때만 모든 이성을 동원합니다. 그런 후에 '예배 끝나고 기분도 별로인데 배달 음식이나 시켜 먹자, 인생 뭐 있나?', '우울하니 쇼핑이나 할까?' 예배 시간 내내 이성적인 것을 강조하던 머리는 어느새 대부분의 결정을 감정으로 진행합니다. 이것이 사탄의 함정입니다. 사탄은 못 보게 합니다. 내가 하나님의 자녀인 것을 못 보게 하고, 나와 함께 계신 하나님을 발견하지 못하게 만듭니다. 그래서 가장 중요한 나의 아버지를 보지 못하고, 애먼 이웃 아저씨 뒤에 숨는 것입니다.

로마서 8장 15절은 이렇게 말합니다. "너희는 다시 무서워하는 종의 영을 받지 아니하고 양자의 영을 받았으므로 우리가 아빠 아버지라 부르짖느니라." 이 구절은 마귀가 주는 마음이 무엇인지 바로 알 수 있는 구절입니다. 마귀가 주는 마음은 무서움입니다. '못하면 어떡하나?', '안되면 어떡하나?', '실패하면 어떡하나?' 그런데 말씀 속에서 하나님이 주시는 마음을 보아야 합니다. 단 한 단어입니다. '아빠'입니다. 제자들이 예수님께 기도하는 법을 알려 달라고 했을 때, 예수님은 하나님을 부

르는 호칭부터 알려 주셨습니다. '아빠'입니다. 아저씨
가 아닙니다.

아빠는 두 글자 밖에 안 되지만 아무에게나 '아빠'라
고 할 수 없습니다. 여러분, 일상에서 "아빠, 혹시 오늘
아빠 차 써?" 이런 전화를 한다고 했을 때 이것은 무슨
의미입니까? 단순하게 아빠가 오늘 차 끌고 나가는지
아닌지 확인하는 전화일까요? 아닙니다. 혹시 자신이
차를 사용해도 되는지 묻는 말입니다. 이러한 물음이 가
능한 이유는 무엇일까요? '아빠 것은 내 것'이라는 전제
가 있기 때문입니다.

로마서 8장 16-17a절에 이렇게 증거하고 있습니다.
"성령이 친히 우리의 영과 더불어 우리가 하나님의 자
녀인 것을 증언하시나니 자녀이면 또한 상속자 곧 하나
님의 상속자요." 우리는 상속자입니다. 아빠라고 부르는
사람은 '아빠 것은 내 것이기도 해'라는 마음이 있는 것
입니다. 이런 사람은 세상에 살면서 부족하거나 어렵다
고 사람 앞에 고개 숙이고 다니지 않습니다. 나의 아버
지는 '돈'이나 '권력'이 아닌, '오직 하나님'이시라는 확
신이 있는 사람은 왔다 갔다 하지 않습니다.

여러분, 창문을 깨셨습니까? 그것도 여러 장입니까? 창문을 깬 아들일지라도 여전히 하나님은 우리의 아버지이십니다. 우리가 실수를 저질렀더라도 그분의 사랑은 변하지 않습니다. 성경은 우리에게 이렇게 말합니다. "그러므로 이제 그리스도 예수 안에 있는 자에게는 결코 정죄함이 없나니"(롬 8:1). 그분은 우리가 넘어졌을 때도 여전히 우리의 아버지이십니다.

이제 옆집 아저씨 뒤에 숨지 마시기 바랍니다. 하나님은 우리의, 당신의, 나의 아버지이십니다.

자외선도 못 보면서 하나님을 보여 달라고?

얼마 전, 넷플릭스에서 방영된 예능 프로그램 〈흑백 요리사: 요리 계급 전쟁〉을 보았습니다. 이 프로그램은 요리 서바이벌 형식으로, '흑수저'라 불리는 무명 요리사들과 '백수저'인 유명 요리사들이 같은 재료를 가지고 예상치 못한 결과물의 음식을 만들어 내는 경연입니다. 그들이 단순한 재료로 상상도 못한 요리를 만들어 내는 것을 보며 정말 놀랐습니다. 눈에 보이지 않는 생각들을 눈에 보이는 현실로 만들어 냅니다. 마치 눈에 보이는 건물이 눈에 보이지 않는 건축가의 머릿속에서 나오는 것처럼 말입니다.

히브리서 11장 3절에도 이렇게 기록되어 있습니다. "믿음으로 모든 세계가 하나님의 말씀으로 지어진 줄을 우리가 아나니 보이는 것은 나타난 것으로 말미암아 된 것이 아니니라." 많은 사람이 자주 묻습니다. "하나님이 보여야 믿지, 안 보이는데 어떻게 믿어?" 하지만 생각해 봅시다. 우리 주변에 보이지 않아도 존재한다고 믿으며 사용하는 것들이 얼마나 많습니까? 와이파이(Wi-

Fi)를 예로 들어 볼까요? 와이파이 신호가 눈에 보이지는 않죠. 하지만 우리는 그것이 있다는 걸 믿고, 언제 어디서든 사용합니다. 와이파이가 눈에 보이지 않는다고 해서 없는 건 아닙니다. 자외선을 생각해 볼까요? 자외선은 눈에 보이지 않습니다. 하지만 우리는 자외선이 피부에 해롭다는 것을 알고, 선크림을 바릅니다. 자외선이 보이지 않는다고 해서 그 존재를 무시하거나, 선크림을 안 바르지는 않죠. 보이지 않는 것이 실재하고, 그 실재가 우리의 삶에 영향을 미친다는 것을 우리는 이미 알고 있습니다. 사랑과 이별도 마찬가지입니다. 그것들은 눈에 보이지 않지만, 우리의 삶에 엄청난 감정적 영향을 끼칩니다. 우리는 사랑에 웃고, 이별에 울며 살아갑니다. 헤어져서 울고 있는 사람한테 "이별이 보이냐? 보여 주면 믿을게"라고 따지는 사람은 없습니다.

세상이 보이지 않는 것들로부터 시작했다는 사실을 잊지 말아야 합니다. 그것이 크리스천의 세계관입니다. 세계관은 세계를 바라보는 렌즈입니다. 이 사실은 성경 전체에 도도히 흐르고 있습니다. 한마디로, '자녀야, 보이는 것만 믿지 말아라, 그것이 내가 주는 지혜다'라고 성경은 말하고 있습니다. 고린도후서 4장 18절에서는 "우리가 주목하는 것은 보이는 것이 아니요 보이지 않는 것이니 보이는 것은 잠깐이요 보이지 않는 것은 영원함이라"라고, 고린도후서 5장 7절은 "이는 우리가 믿음으로 행하고 보는 것으로 행하지 아니함이로라"라고 말합니다. 그래서 사탄은 교회 안에서도 보이는 것에 쉽게 반응하고 불평하는 사람을 잘 이용합니다. 말씀으로 잘 무장된 자가 교회의 일을 해야 하는 이유가 여기 있습니다. 그렇지 않은 사람이 교회에 중요한 자리를 차지하고 있으면, 자기가 살아오던 대로 보이는 것에 끌려다닙니다. 가만히 보면, 꼭 그 사람에게만 일이 터집니다. 왜 그런가요? 보이는 대로 다 반응하고 있기 때문입니다. 사탄이 가지고 놀기 좋은 사람인 것입니다. 성경은 눈에 보이는 것이 다가 아니라고 말하고 있습니다. 그런데 악한 마귀는 눈에 보이는 것이 다라고 말하죠.

그 전략에 대차게 당했던 것이 선악과 사건입니다. 선악과 사건을 서운하게 생각하는 사람이 있는데, 성경을 자세히 살펴보면, 서운할 이유가 없습니다. 창세기 2장 16절, "여호와 하나님이 그 사람에게 명하여 이르시되 동산 각종 나무의 열매는 네가 임의로 먹되.", 창세기 2장 17절, "선악을 알게 하는 나무의 열매는 먹지 말라 네가 먹는 날에는 반드시 죽으리라 하시니라." 먼저, 16절을 보면 풍성한 열매를 허락하십니다. "각종 나무의 열매"는 모든 것을 다 먹어도 된다는 것입니다. 그러고 나서 한 가지 조건이 17절에 나옵니다. '그것만은 먹지 마라. 선악과 만큼은.'

무슨 의미인가요? 이렇게 생각하면 쉽습니다. 여러분이 호텔 뷔페에서 일하고 있습니다. 그런데 지배인이 여러분이 열심히 일하는 것을 보고, "찬열 씨, 일하다가 배고프면 여기 뷔페에 모든 음식을 먹어도 돼요"라고 말합니다. 그런데 이어 한 가지 조건을 답니다. "아, 그런데 책상 위에 있는 김밥은 내가 먹을 거니까 먹지 마요. 알았죠?" 여기까지는 아무 문제가 없습니다. 그런데 지배인이 밖에 다녀와서 보니 모든 뷔페 음식을 놔 두고 제가 지배인의 김밥을 먹고 있다면 어떤 의미일까요? 단지 배고파서 먹은 걸까요? 그렇게 얘기할 수는 없을 것입니다. 의도가 있는 것이죠. 주인 흉내를 내고 싶은 마음이 있는 것입니다. 사탄은 그 점을 노려, 인간에게 하나님의 것을 탐내게 했습니다. 그래서 하나님께서는 히브리서를 통해 '보는 것'에 집중하지 말라는, 즉, 예전처럼 선악과 따 먹는 실수를 하지 말라고 하시는 것입니다.

"예수께서 이르시되 너는 나를 본 고로 믿느냐 보지 못하고 믿는 자들은 복되도다 하시니라"(요 20:29). 사탄은 우리를 오늘도 '보이는 돈', '보이는 결과', '보이는 수치'로 넘어뜨리려고 합니다. 혹시 지금 당신이 절망하는 이유가 '눈에 보이는 상황' 때문입니까? 잊지 마세요. 보이는 상황을 결정짓는 것은 보이지 않는 것들입니다. 성경 속 간음한 여인의 사건을 떠올려 봅시다. 예수님은 사람들의 손에서 보이는 돌을 억지로 빼앗지 않으셨습니다. 대신, 그들의 보이지 않는 생각을 바꾸셨습니다. "너희 중에 죄 없는 자가 먼저 돌로 치라"(요 8:7b)라고 말씀하셨을 때, 사람들은 자신을 돌아보고 돌을 내려놓았습니다. 보이지 않는 생각이 바뀌니 보이는 행동이 바뀐 겁니다.

기억하세요. 보이지 않는 것들이야말로 진짜 힘이 있습니다.

여러분의 삶을 움직이게 하는 것은 무엇입니까? 느낌입니까? 충동입니까? 어떤 사람들은 '느낌이 좋아서' 또는 '그냥 하고 싶어서'라고 말할 수 있습니다. 하지만 정말 중요한 일을 성공시키려면 단순히 느낌이나 충동만으로는 부족합니다. 우리가 성공하려면 무엇이 필요할까요? 바로 '약속'입니다. 예를 들어, 여러분이 친구와 5시에 영등포 타임스퀘어에서 만나기로 약속했다고 상상해 봅시다. 친구가 약속 시간보다 조금 늦더라도 기다릴 수 있습니다. 왜냐하면 약속이 있기 때문입니다. 그 약속이 여러분을 믿고 기다리게 합니다. 하지만 친구를 약속도 없이, 아무 이유 없이 기다린다면 그건 헛된 기다림입니다. 사람들은 종종 '얼마나 오래 버텼느냐'를 따집니다. 하지만 시간의 길이가 중요한 것이 아닙니다. 누구랑 어떤 약속을 했는지를 먼저 물어야 합니다. 무엇을 붙들고 기다렸는지가 중요합니다. 신앙도 마찬가지입니다. 그냥 허벅지 찔러 가면서 참는 것이 신앙생활이 아닙니다. 참으면 다 된다고 누가 그럽니까? 차이는 단

하나입니다. '네 안에 약속이 있느냐'입니다. 그래서 성경이 중요합니다. 성경은 약속투성이입니다. 말씀을 읽지 않으면서 신앙이 흔들린다고 말하는 것은 약속 없이 누군가를 계속 기다리는 것과 같습니다. 그 사람은 흔들리지 않는 게 이상한 겁니다. 말씀 없이 기도만 하는 것도 마찬가지입니다. 약속 없이 혼자 기다리는 것과 같습니다.

사도 바울은 혼자서 복음을 전했습니다. 그럼에도 엄청난 열매를 맺었습니다. 이유는 단 하나입니다. 바울은 하나님의 약속을 붙잡고 달려갔습니다. 기독교의 시작은 약속에서 출발합니다. 우리가 예배를 드리는 이유는 무엇입니까? 하나님의 약속 때문입니다. 요한복음 4장 23절에서 예수님은 "아버지께 참되게 예배하는 자들은 영과 진리로 예배할 때가 오나니 곧 이 때라 아버지께서는 자기에게 이렇게 예배하는 자들을 찾으시느니라"라고 말씀하십니다. 우리는 이 약속 믿고 예배에 나오는 겁니다. 갈 데가 없어서가 아닙니다. 기도는 왜 하는 걸까요? 마태복음 7장 7절에서 그 답을 찾을 수 있습니다. "구하라 그리하면 너희에게 주실 것이요 찾으라 그리하면 찾아낼 것이요 문을 두드리라 그리하면 너희에게 열 릴 것이니." 이것이 하나님이 하신 약속이기 때문에 우리는 눈물로 기도합니다. 시간이 남아서가 아닙니다.

약속이 없는 인생의 특징이 있습니다. 시간이 무한대로 있을 것이라고 여기는 것입니다. 출애굽기를 보면, 모세가 바로에게 하나님의 명령을 전합니다. '이스라엘 백성을 내보내라.' 그러나 바로는 들으려 하지 않았습니다. 온 나라가 개구리로 뒤덮이는 재앙이 닥치자 그제서야 바로는 모세에게 기도를 요청합니다. 참 기특해 보이기도 합니다. 바로가 기도제목을 말하다니. 모세가 바로에게 묻습니다. "내가 왕과 왕의 신하와 왕의 백성을 위하여 이 개구리를 왕과 왕궁에서 끊어 나일 강에만 있도록 언제 간구하는 것이 좋을는지 내게 분부하소서"(출 8:9b). 모세는 진심으로 물었습니다. '언제 개구리를 없애 주면 좋겠습니까?' 정상이라면 바로는 당연히 '지금 당장'이라고 말해야 할 것입니다. 그런데 바로의 대답은 뭐였는지 아십니까? 놀랍게도 '내일'이었습니다(출 8:10). 우리는 종종 바로처럼 '내일'을 선택합니다. 오늘 해결할 수 있는 문제를 내일로 미룹니다. 하지만 성경은 분명히 경고합니다. "보라 지금은 은혜 받을 만한 때요 보라 지금은 구원의 날이로다"(고후 6:2b). 하나님의 시간은 언제인가요? 바로 오늘입니다. 히브리서 3장 15절은 이렇게 말합니다. "성경에 일렀으되 오늘 너희가 그의 음성을 듣거든 격노하시게 하던 것 같이 너희 마음을 완고하게 하지 말라 하였으니." 하나님의 약속을 붙잡는 사람은 '오늘'을 삽니다.

반면, 하나님의 약속이 없는 사람은 내일로 미루려 합니다. 시간이 영원할 것 같이 움직입니다. 그러나 내일은 보장된 시간이 아닙니다. 시간 관리, 시간 관리 하는데, 관리는 '자기 것'일 때만 할 수 있는 것입니다. 그런데 시간이라는 것은 내가 멈춰 세울 수도, 더 가져올 수도 없습니다. 그래서 시간은 관리라고 할 수 없습니다. 시간은 청지기같이 내게 맡겨 주신 것에 불과합니다. 그래서 시간 청지기라고 해야 맞는 표현입니다. 이사야 55장 6절에서 이렇게 말합니다. "너희는 여호와를 만날 만한 때에 찾으라 가까이 계실 때에 그를 부르라." 이는 시간이 너의 것이 아니니, 주신 시간을 잘 쓰라는 것을 의미합니다. 그것이 언제입니까? '오늘'입니다.

〈God Will Make a Way〉라는 찬양을 들어 본 적이 있나요? 한국어로는 〈나의 가는 길〉이라는 제목으로 번역된 찬양입니다. 그 가사 중에 "내 삶 속에 새 일을 행하리"라는 구절이 있습니다. 그런데 영어 가사를 보고 저는 깜짝 놀랐습니다. "He will do something new today." 영어 가사에서는 바로 오늘 하나님이 새 일을 행하시겠다고 쓰였습니다. 'Today'(오늘)라는 단어가 주는 힘. 이 한 단어가 얼마나 큰 차이를 만드는지 느껴지시나요? '내 삶 속에 하나님이 언젠가 새 일을 행하시리라'라는 것도 결코 틀린 말이 아닙니다. 그러나 '바로 오늘 하나님이 새 일을 행하시겠다'라는 것과는 뉘앙스가 완전히 다릅니다. '오늘 하나님이 내게 무엇인가, 새로운 일을 하실 거야.' 여기서 오늘이라는 단어가 우리의 마음을 흔들어 놓습니다.

그분의 약속이 가득한 성경을 다시 집어 들어 읽으시기 바랍니다. 하나님은 오늘도 당신의 삶에서 일하고 계십니다.

이 세상 그 누구도 자신의 정체가 드러나는 걸 원하지 않습니다. 사탄이 성경을 싫어하는 이유가 바로 여기에 있습니다. 여호수아서에는 공동체를 무너뜨리려는 사탄의 전략이 드러납니다. 다윗의 이야기 속에는 사탄이 인간의 어디를 노리는지가 나오며, 요한계시록에서는 사탄의 최후가 명확히 기록되어 있습니다. 전쟁을 할 때 적의 정체를 아는 것이 승패를 좌우합니다. 성경은 사탄의 계략을 폭로합니다. 성경은 사탄과의 전쟁에서 승리하기 위해서는 반드시 알아야 할 중요한 무기입니다.

창세기를 보면 뱀이 인간을 유혹하는 장면이 나옵니다. 결국 하와는 뱀의 유혹에 넘어가 하나님이 먹지 말라 명하신 선악과를 먹고 죄를 짓게 되었습니다. 성경 속 그 장면을 읽어 보면 직접적으로 사탄이라는 단어나 마귀라고 묘사된 장면이 없습니다. 그렇기에 어떤 분은 '이거 그냥 진짜 뱀 아니야? 마귀라는 말이 없지 않아?' 하고 궁금해합니다. 그런데 성경의 첫 번째 책인 창세기에서 그렇게 등장한 뱀의 정체는 성경의 66권 중 마지막 책 요한계시록에서 밝혀집니다. 요한계시록 12장 9a절에는 "큰 용이 내쫓기니 옛 뱀 곧 마귀라고도 하고 사탄이라고도 하며 온 천하를 꾀는 자라"라는 구절이 나옵니다. 여기서 옛 뱀은 창세기에 언급한 뱀을 의미합니다. 이 뱀이 바로 마귀라고도 하고, 사탄이라고 하는 자입니다. 성경은 이렇게 사탄의 정체를 완전히 폭로합니다.

이처럼 성경만 제대로 알아도 신앙생활에 문제가 없습니다. 그러나 대부분의 사람이 요한계시록을 두려워합니다. 거기에 등장하는 수많은 재앙 때문입니다. 그런 재앙들이 나에게 일어나면 어쩌나, 이걸 내 삶에 적용하려고 하니까 무서운 겁니다. 그러나 요한계시록의 핵심 메시지는 두려워하라는 게 아닙니다. 하나님을 믿는 성도들에게는 이 재앙들이 미치지 않는다, 하나님이 우리를 지키신다는 것이 핵심입니다. 요한계시록이 처음 쓰여졌을 때의 1차 독자는 누구였습니까? 도미티아누스 황제 시절에 핍박받던 성도들입니다. 그들에게 하나님이 뭐라고 말씀하십니까? '내가 너희를 붙든다! 어떤 환난이 와도 내가 너희를 지킨다!' 그들이 두려움 속에 살 때, 요한계시록은 그들을 향한 하나님의 보호와 약속을 선포하고 있는 겁니다. 우리가 살면서 착각하는 것 중에 하나는 하나님과 사탄이 동등한 존재처럼 싸운다고 생각하는 것입니다. 우리가 응원하면 하나님이 승리하고, 사탄이 힘을 내면 하나님이 힘겨워하시는 식의 모습을 상상합니다. 어릴 적 이런 연극이 있었습니다. 마귀가 창 하나 들고, 지옥문 앞에 서서 크게 웃으면서 겁을 줍니다. "으하하, 인간들아, 어서 와라, 너희들을 집어넣어 주마." 우리는 그 장면을 보면서 사탄이 지옥의 주인이고, 우리가 그의 손에 의해, 지옥에 들어간다고 겁을 먹습니다. 이게 맞는 그림일까요? 사탄이 지옥의 열쇠를 가지고, 지옥의 주인 행세를 하는 게 옳은 그림일까요? 완전히 잘못된 생각입니다. 성경을 읽어 보면 알 수 있습니다. 요한계시록 20장 10절은 "또 그들을 미혹하는 마귀가 불과 유황 못에 던져지니 거기는 그 짐승과 거짓 선지자도 있어 세세토록 밤낮 괴로움을 받으리라"라고 합니다. 이 구절에서 "던져지니"에 주목해 봅시다. 동사가 수동태입니다. 사탄은 던져지는 존재입니다. 하나님께서 던져 버리는 존재에 불과하다는 것입니다. 지옥을 누가 창조했습니까? 사탄이 아닌 하나님이십니다. 하나님이 모든 만물을 창조하셨습니다. 그렇다면 누구를 위해 하나님은 지옥을 창조하셨습니까? "마귀와 그 사자들을 위하여 예비된 영원한 불에 들어가라"(마 25:41b). 사탄을 던져 넣기 위해 마련된 곳이 지옥입니다.

그렇다면 인간이 지옥에 가는 것은 어떻게 설명하냐, 이것을 알기 위해서는 사탄의 주무기를 알면 쉽게 풀립니다. 다시 요한계시록 20장 10절로 돌아가 보겠습니다. "또 그들을 미혹하는 마귀가 불과 유황 못에 던져지니"라고 합니다. 여기서 "미혹하는"에 주목하세요. 사탄의 특징이 나옵니다. 즉 사탄은 꼬시는 놈이라는 것입니다. 사탄의 필살기는 사람을 속이는 것입니다. "사탄이라고도 하는 온 천하를 꾀는 자라"(계 12:9b).이렇게 설명하면 이해가 쉬울 것입니다. 사탄이 지옥에 던져지는 상황에서, 질질 끌려 들어가면서 우리를 향해 꼬십니다. 쇠갈고리를 걸고 늘어지는 겁니다. 소위 물귀신 작전이죠. 혼자 죽지 않겠다는 것입니다. 사탄이 이렇게까지 마음 먹고 사람을 꾀는데, 이 꾀임은 우리에게 큰 어려움이 됩니다. 이런 힘 있고 견고해 보이는 사슬을 어떻게 해야 합니까? 확실한 것은 이 죄 사슬을 끊어 낼 만한 사람은 인간 중에는 없다는 것입니다. 하지만 이것을 끊어 내시는 분이 등장합니다. "흑암과 사망의 그늘에서 인도하여 내시고 그들의 얽어 맨 줄을 끊으셨도다"(시 107:14). 바로 예수님이십니다. "주의 성령이 내게 임하셨으니 이는 가난한 자에게 복음을 전하게 하시려고 내게 기름을 부으시고 나를 보내사 포로된 자에게 자유를, 눈 먼 자에게 다시 보게 함을 전파하며 눌린 자를 자유롭게 하고"(눅 4:18). 예수님이 그 사슬을 끊어 내시며, 지옥으로 끌려가는 우리를 건져 내십니다. 그리고 사탄을 발로 차 버리셔서 지옥에 넣어 버리시는 것이죠.

이 모든 것이 성경에 기록되어 있습니다. 그러므로 말씀을 읽는 자를 사탄이 싫어합니다. 말씀을 읽을수록 마귀가 아무것도 아니게 느껴지실 것입니다. 마귀가 싫어하는 것을 하고 싶으십니까? 성경을 읽으시길 바랍니다. 하나님이 좋아하는 것을 하고 싶으십니까? 성경을 읽으시길 바랍니다. 성경을 통해 사탄의 하는 짓을 발견하고, 하나님이 하신 일을 발견함으로 확신에 확신을 더하시기 바랍니다. 전쟁은 전략입니다. 승리!

수술실에서 숫자 세기

오래 전, 비염 수술을 받은 적이 있습니다. 콧속의 부어 있는 살을 잘라 내는 수술이었습니다. 제 인생에서 처음으로 받는 수술이라 그런지 아무 생각이 들지 않다가 점차 수술을 앞두고 무서운 감정이 조금씩 밀려 왔습니다. 수술 당일, 두려워하는 제게 의사 선생님의 목소리는 큰 위안이 되었습니다. 마취 주사를 놓으면서 의사 선생님이 이렇게 말씀하셨습니다. "저와 함께 숫자를 세어 보아요. 하나, 둘, 셋⋯." 그러고 나서도 선생님은 "저랑 끝까지 세셔야 합니다. 다섯, 여섯⋯." 수술 내내 선생님과 함께 숫자를 세었습니다. 중간중간 살점을 도려 내는 소리나 수술 장비 소리가 들리긴 했지만, 저는 선생님과 숫자를 세는 데 집중했습니다. 콧속이 들리는 느낌이 있기도 했지만, 선생님은 차분하게 숫자를 세며 저와 함께해 주셨습니다. 수술 중 계속 한 가지 생각이 들었습니다. '나는 혼자가 아니구나.' 의사 선생님은 저를 혼자 두지 않았고, 수술이 끝날 때까지 계속 곁에 계셨습니다. 이처럼 고통이 있더라도, 함께하는 사람이 있다면 그 고통은 다르게 느껴집니다. 우리를 정말 힘들게 하는 것은, 고통 자체가 아니라 그 고통 속에서 의지할 위로가 없다는 사실을 깨달았을 때입니다.

예수님은 스스로를 소개하실 때 성경 여러 곳에서 당신 자신을 '인자'라고 말씀하십니다. 이 '인자'라는 표현은 무엇일까요? 영어로는 Son of Man, 즉 '사람'이라는 뜻입니다. 마태복음 8장 20b절에서도 말씀하십니다. "여우도 굴이 있고 공중의 새도 거처가 있으되 인자는 머리 둘 곳이 없다 하시더라." 예수님은 "인자"라고 표현하시며 저희와 같은 인간으로 오셨음을 보이셨습니다. 이것이 왜 중요할까요? 히브리서 2장 18절을 보십시오. "그가 시험을 받아 고난을 당하셨은즉 시험 받는 자들을 능히 도우실 수 있느니라." 예수님은 우리와 똑같이 고난을 경험하셨습니다.

1세기 때, 도케티즘(Docetism)이라는 사상이 유행했습니다. 이들은 '예수님이 사람이 될 리 없다'라고 주장했습니다. 그들의 말에 따르면, 예수님은 단지 신적인 존재로서 인간의 고통과 아픔을 피하셨다는 것입니다. 그런데 그들 말대로, 만약 예수님이 사람이 되지 않으셨다면, 예수님은 십자가에서 죽음을 교묘히 피해 가신 것이 됩니다. 죽음이 무엇입니까? 죽음은 인간이 가장 두려워하는 것 아니겠습니까? 도케티즘 사상의 말이 옳다면 예수님이 죽음을 회피하신 것이 되니, 우리의 고통과 두려움도 이해하지 못하시는 존재란 뜻이 됩니다. 만약 예수님이 사람이 아니셨다면 아마 이런 대화가 오고 갔을 것입니다.

"예수님, 저 뼈가 부러졌어요. 도와주세요."
"그래, 고쳐 줄게. 그런데 그게 그렇게 아픈 거야?"

"예수님, 저 남친이랑 헤어졌어요. 위로해 주세요."
"위로는 해 줄게, 그런데 그게 그렇게 힘든 일이냐?"

만약 예수님이 이렇게 대답하셨다면 기분이 어떻겠습니까? 아마 정이 뚝 떨어졌을 것입니다. 그분의 위로는 저희에게 그저 공허한 말로 들렸을 것입니다. 그런데 히브리서 4장 15절은 이렇게 말합니다. "우리에게 있는 대제사장은 우리의 연약함을 동정하지 못하실 이가 아니요 모든 일에 우리와 똑같이 시험을 받으신 이로되 죄는 없으시니라." 예수님은 저희의 고통을 직접 경험하셨습니다. 그래서 그분은 저희의 아픔과 연약함을 진정으로 이해하시고, 공감하실 수 있는 분이십니다.

그렇다면 여기서 중요한 질문을 하나 던져 보겠습니다. 만약 예수님이 사람이기만 했다면, 착한 교회 오빠와 어떤 점이 다릅니까? 사실 별로 다를 게 없을 것입니다. 우리를 위로하고 공감하는 것은 사람도 할 수 있습니다. 친구나 가족도 저희의 슬픔을 함께 느끼며 위로할 수 있습니다. 마태복음 1장 23절을 보십시오. "보라 처녀가 잉태하여 아들을 낳을 것이요 그의 이름을 임마누엘이라 하리라 하셨으니 이를 번역한즉 하나님이 우리와 함께 계시다 함이라." 성경은 임마누엘의 뜻을 친절하게 설명해 줍니다. 성경이 이렇게 친절하게 설명하는 경우는 드뭅니다. 본문에 나오는 표현 중에 "하나님이 우리와 함께 계시다"는 '우리와 함께 계신 하나님'으로도 도치해서 생각할 수 있습니다. 즉, 예수님은 누구신가라는 질문에 성경은 그는 '우리와 함께 계신 하나님'으로 답하고 있습니다. 예수님은 하나님이신 것입니다.

교통사고를 당한 한 사람을 위해 문안하러 온 100명의 사람들이 있다고 생각해 봅시다. 그 100명 모두가 진심으로 그의 고통에 공감하고, 위로의 말을 건넬 수 있을 것입니다. 그들은 따뜻한 마음으로 그의 곁을 지키며, 그의 아픔을 나누려 할 겁니다. 그런데 그 100명 중 누구도 건넬 수 없는 결정적인 한마디가 있습니다. '그 자리에서 일어나라.' 이 말은 오직 예수님만이 하실 수 있는 말입니다. 예수님은 인간이면서 하나님이셔야만 했습니다. 공감에서 끝나지 않고, 우리를 치유하시는 하나님이시기 때문입니다. 그 예수님을 믿고 나아가시기 바랍니다. 당신의 상처를 이해하시는 그분이, 그 자리에서 당신을 일으키실 것입니다. 예수님을 믿으십시오. 그리고 그분의 말씀에 귀를 기울이십시오. 예수님은 당신을 일으키시는 하나님이십니다.

> "그리스도가 그들에게서 나셨으니 그는 만물 위에 계셔서 세세에 찬양을 받으실 하나님이시니라 아멘"(롬 9:5b).

영화 〈범죄도시〉 1편 초반을 보면 시장 장면이 나옵니다. 마석도(마동석 분)가 장이수(박지환 분)를 꽈배기로 때리려고 하자 장이수가 손으로 막습니다. 그러자 마석도가 "네가 먹었으니까 네가 다 계산해"라고 말하는 장면이 나옵니다. 그리고는 장이수가 꽈배기를 참 맛있게 먹는 모습이 이어집니다. 이 장면을 보고 영화 내내 '꽈배기 말고 다른 것도 먹는 것 보여 주세요', '감독, 너무하네. 먹방을 왜 보여 주다 말지?' 하고 항의하는 사람은 없을 것입니다. 왜냐? 그 영화를 보러 온 사람들의 목적은 먹방이 아니라, 마동석 배우의 주먹 한 방이기 때문입니다. 이 영화에는 액션이라는 분명한 목적이 있습니다. 이처럼 모든 것에는 목적이 있습니다. 하다 못해 중국 음식점 메뉴판도 목적이 있습니다. 한여름, 중국 음식점 벽에 걸린 중국식 냉면 포스터를 본 적이 있을 겁니다. 그 포스터가 거기 있는 이유는 인테리어가 아닙니다. 바로, '지금 주문하세요'라는 목적을 담고 있는 겁니다.

성경을 어려워하는 사람들이 많습니다. '과학적이지 않다', '역사적 근거가 없다', '말이 되지 않는다'라는 이야기들을 주로 하곤 합니다. 이는 성경의 명확한 목적을 알지 못하기 때문에 하는 말입니다. 성경의 목적은 무엇입니까? 성경의 목적에 대해 성경의 주인공이신 예수님이 직접 말씀해 주셨습니다. "오직 이것을 기록함은 너희로 예수께서 하나님의 아들 그리스도이심을 믿게 하려 함이요 또 너희로 믿고 그 이름을 힘입어 생명을 얻게 하려 함이니라"(요 20:31). 성경은 "믿게 하려" 기록된 것입니다. 성경이 쓰인 목적은 '예수님을 믿게 하려고' 즉, 구원이 그 목적이라는 것입니다. 성경 속 수많은 이야기의 목적이 '예수님을 믿으라는 것'에 초점이 맞춰져 있다는 것입니다.

야구장에 가 본 적 있으신가요? 경기 전 수많은 카메라가 여기저기 다양한 장면을 담습니다. 풍선을 들고 있는 아이, 함께 구장을 찾은 가족, 응원하는 치어리더들 등 많은 카메라가 다양한 풍경을 찍습니다. 그러나 경기가 시작되면 모든 카메라가 야구공에 집중하기 시작합니다. 왜냐하면, 경기를 결정짓는 것이 공이기 때문입니다. 성경도 마찬가지입니다. 성경의 카메라는 오직 한 가지 목적에 초점을 맞추고 있습니다. 바로 구원입니다. 성경은 철학적인 근거를 주려는 책이 아닙니다. 성경은 호기심의 책도 아닙니다. 호기심을 채우려고 하다 보면, 본래 성경의 목적을 찾지 못합니다. 성경의 목적은 믿음을 주고, 구원을 선물하는 것입니다. 그러므로 이러한 시각으로 성경을 바라보지 않으면 성경을 난도질하게 되어 있습니다.

성경이 왜 66권으로 구성되어 있을까 생각해 본 적 있으십니까? 그 이유는 66권으로 충분해서입니다. 이단이 항상 들고 나오는 수법이 무엇인지 아십니까? 부족하다고 하는 것입니다. 너는 결정적인 것을 모르고 살고 있다는 식으로 접근을 합니다. 그래서 청년들을 쓰러뜨립니다. 아닙니다. 하나님 말씀, 오직 성경으로 구원받기에 충분합니다. 또한 성경은 구원을 받게 할 뿐만 아니라, 우리를 '올바른 사람'으로 만들기 위한 책이기도 합니다. "모든 성경은 하나님의 감동으로 된 것으로 교훈과 책망과 바르게 함과 의로 교육하기에 유익하니 이는 하나님의 사람으로 온전하게 하며 모든 선한 일을 행할 능력을 갖추게 하려 함이라"(딤후 3:16-17).

왜 세상 사람들이 크리스천을 욕합니까? '구원받았으니 끝'이라는 생각을 가지고 살기 때문입니다. 천국 갈 거니까 마음대로 삽니다. 세상 사람들과 똑같이 행동합니다. 거짓말하고, 불평하고, 불만하고, 낙심합니다. 마치 아비 없는 고아처럼 행동합니다. 하지만 하나님께서는 우리를 자녀 삼으시고, 바른 자녀로 키우기를 원하십니다. 어떤 부모가 자식을 낳기만 합니까? 제대로 키우려는 소망은 아이보다 부모가 더 큽니다. 그래서 우리는 성경을 바라볼 때, '구원'의 책이자, 동시에 나를 하나님의 자녀로 '바르게 살도록' 안내하는 책임을 알아야 합니다. 그 긴장과 균형을 유지해야 합니다. 한쪽에만 치우쳐도 안 됩니다. 성경을 '구원의 책'으로만 인정하고 '자녀 됨의 책'으로 인정하지 않으면, 막 살게 되는 것입니다. 일상과 동떨어진 신앙생활을 하게 됩니다. 영어의 Religion(종교)이라는 단어는 라틴어 Religio(렐리기오)에서 파생된 말입니다. Religio의 뜻은 붙들어 맨다는 뜻입니다. 즉, 하나님과 우리 사이를 묶어 주는 것이 신앙생활입니다. 성경을 바르게 이해하지 못한다면 구원에서 일상으로 못 넘어가는 변태같은 종교 생활을 하게 됨을 기억해야 합니다.

반대로, 성경을 '자기계발서'로만 삼는 사람도 있습니다. 저는 성경을 늘 읽고, 심지어 몇 독 했다는 스님의 이야기도 들었습니다. 이것은 성경을 자기수양의 책으로 삼고 구원의 책이라는 것을 인정하지 않는 것입니다. 더 큰일입니다. 성경은 구원의 하나님을 보여 주며, 동시에 내가 어떻게 살아야 하는지를 보여 주는 책입니다. 말씀을 가까이해야 합니다. 부지런히 말씀을 가까이해야 합니다. 가까이 있는 것이 그 사람을 표현합니다. 늘 옷깃에 밀가루가 묻어 있는 사람이 제빵사고, 늘 노래를 흥얼거린다면 가수일 확률이 높습니다. 가까이 있는 것이 곧 그 사람입니다. 마찬가지입니다. 말씀이 늘 가까이 있는 사람이 말씀의 사람입니다.

우리는 내가 좋아하는 일이라면 밤을 새워서라도 합니다. 그러나 삶 속 예배는 어떠합니까? 내가 다 쓰고 남은 시간을 하나님께 드리면서, 하나님께 "나를 위해 언제나 시간 내어 주세요. 지금 빨리요"라며 요구하고 있지 않습니까? 말씀을 읽으십시오. 성경책을 옆에 갖다

놓는 것부터 시작하십시오. 그것조차 어렵다면, 당신은
지금 급한 것이 아닙니다.

하나님의 포트폴리오

많은 사람이 '비전'이라는 단어를 생각할 때 주로 미래에 관한 것만 생각합니다. 하지만 진정한 비전의 힘은 과거에 하나님께서 내 삶 속에서 어떻게 일하셨는지를 기억하는 것에서 나옵니다. 예를 들면, 여러분이 여행을 갑니다. 그런데 일행 중에 예전에 여행을 갔을 때 큰 도움을 준 사람이 있다면 우리는 어떤 생각을 합니까? '오, 그 사람이 이번에 또 간다고? 기대된다!' 기대하기 시작합니다. 왜 그렇습니까? 과거에 그가 보여 줬던 행동에 대한 믿음이 있기 때문입니다. 성경은 하나님이 하신 일을 적어 놓은 책입니다. 그런데 안타깝게도 많은 이가 성경 곳곳에 하나님께서 행하신 일이 있는데도 읽지 않아 알지 못합니다. 어떤 사람은 자기 딴에는 하나님을 사랑하는 마음이 있으니 성경을 읽지 않아도 된다고 말합니다. 그러면서 찬양만 듣습니다. 말씀을 등한시합니다. 이것은 하나님이 어떻게 일하셨는지 모르는 것입니다. 여행으로 생각하면 그냥 처음 보는 사람이랑 여행 가는 것과 같습니다.

말씀 없는 예배는 위험합니다. 말씀과 함께 가지 않는 기도는 위험합니다. 느헤미야가 무너진 예루살렘 성벽을 세우고, 이스라엘 백성을 회복시킬 때 내린 처방은 '말씀을 기억하라'였습니다. 하나님이 너희에게 하신 일을 기억하라고 말했습니다. 이유가 무엇입니까? 과거에 하나님이 하신 일을 기억하는 것에서 미래에 하나님이 하실 일에 대한 믿음이 나오기 때문입니다. "내가 돌아본 후에 일어나서 귀족들과 민장들과 남은 백성에게 말하기를 너희는 그들을 두려워하지 말고 지극히 크시고 두려우신 주를 기억하고"(느 4:14a). 무엇을 기억하라고 말합니까? 하나님이 너희 가운데 얼마나 열심으로 일하셨는지를 기억하라고 말합니다. 얼마나 뜨겁게 사랑하셨는지를 기억하라는 것입니다. 그렇게 되면 어떤 일이 벌어지는지는 하반절에 나옵니다. "너희 형제와 자녀와 아내와 집을 위하여 싸우라 하였느니라"(느 4:14b). 기억하면 싸울 힘이 난다는 것입니다. 지금 이 글을 읽는 분들 중 힘이 없으신 분이 계십니까? 하나님을 기억해 보시기 바랍니다. 앞길이 막막하십니까? 400년 노예 생활을 하던 사람들에게 미래와 희망을 주신 분의 이야기를 읽어 보시기 바랍니다. 나를 조롱하고, 못살게 구는 거인 같은 사람이 있습니까? 다윗이 골리앗을 쓰러뜨린 이야기를 읽어 보시기 바랍니다. 생전 처음 보는 장애물이, 절대로 무너지지 않을 것 같은 문제가 내 앞을 가로막습니까? 하나님은 당신이 여호수아서의 여리고성 이야기를 읽기를 원하십니다. 하나님께서 말씀하십니다. '그때 내가 칼과 창을 썼느냐? 발걸음 하나로 무너뜨린 게 내가 아니냐.' 저는 여호수아서를 읽을 때마다 가슴이 뜁니다. '오 그러네, 지금 내게 칼과 창이 없고, 아무것도 없을지라도, 주님이 이렇게 무너뜨리신 사실이 있네' 하며 두려움이 사라지게 됩니다. 기드온과 300 용사 이야기를 읽어 보세요. 세상 어느 천지에 어떤 사람이 나팔과 횃불로 수많은 군사를 무찌릅니까? 하나님은 이것을 우리에게 기억하라고 하시는 것입니다. 어떤 마음이 드십니까? 이제 어떤 어려움이든 이길 수 있을 것이라는 확신이 생기지 않으십니까? 믿음은 이렇게 해서 생성되는 것입니다. 하나님이 하신 이야기를 들을 때, 내게 믿음이 생기는 것입니다.

　　로마서 10장 17절은 이렇게 말합니다. "그러므로 믿음은 들음에서 나며 들음은 그리스도의 말씀으로 말미암았느니라." 감정으로는 절대 생기지 않는 확신이 말씀을 들을 때 생긴다는 것입니다. 그래서 말씀이 중요합니다. 똘똘 뭉친다고 될 것이 아니라는 것입니다. 권위로 이야기한다고 될 것이 아니라는 것입니다. 내가 말씀을 알고 있는 만큼 나가게 된다는 것입니다. 과거에 신실하신 하나님을 계속 발견하기 때문입니다. 말씀을 읽을수록, 하나님께 내 삶을 맡길 만한 마음이 더더욱 생기는 까닭이 그것입니다. 하나님의 말씀을 기억하라는 느헤미야의 말은 백성이 일상으로 돌아가 일을 시작하는 변화를 가져왔습니다. "우리의 대적이 우리가 그들의 의도를 눈치챘다 함을 들으니라 하나님이 그들의 꾀를 폐하셨으므로 우리가 다 성에 돌아와서 각각 일하였는데"(느 4:15). 일상이 회복되었고, 백성이 하나님을 찬양하기 시작했습니다. 하나님을 기억하는 일에 힘이 있습니다.

여러분, 일상을 회복하는 것이 얼마나 어렵습니까? 우리는 늘 하고 있으니까 별거 아닌 것처럼 보입니다. 그러나 누워 있는 환자들, 어려움을 겪는 사람들에게는 가장 돌아가고 싶은 곳이 일상입니다. 하나님을 기억하는 것에 힘이 있다는 사실을 깨달은 사람만이 자신의 일상을 하나님께 비로소 맡길 수 있습니다. 우리는 기억할 것이 많고, 감사할 것이 참 많습니다. 예수님을 알기 전에 여러분의 모습을 기억해 보시기 바랍니다. 공동체가 없었을 때를 떠올려 보시기 바랍니다. 목적 없이 살며, 세상을 향한 분노와 원망으로 살았을 때를 기억해 보시기 바랍니다. 지금의 여러분은 어떻습니까? 아직 원하는 자리에 도달하지 못한 분들도 있을 것입니다. 하지만 분명한 것은, 이제는 더 이상 과거의 그 자리에 머물러 있지 않다는 사실입니다. 당신이 지금 이 자리에서 살아가고 있다는 것 자체가 하나님께서 신실하게 역사하신 증거입니다. 지금 당신이 누구인지 아십니까? 스스로에게 외치십시오. "내가 이 자리에 있는 것 자체가, 하나님이 살아 계시다는 증거다."

Message

Calling

우리의 사명은 분명합니다.
새로운 사명을 찾는 것이 아니라,

예수님의 사명에 동참하는 것입니다.

사람이 무슨 일을 하는지를 보면 그가 누구인지 알 수 있습니다. 하루 종일 원두와 커피를 다루는 사람은 바리스타(Barista), 꽃을 가꾸고, 디자인하는 사람은 플로리스트(Florist)라고 부릅니다. 마찬가지로 하나님이 누구신지를 알고 싶다면, 하나님이 하신 일을 보면 됩니다. 창세기 1장을 보세요. 하나님은 제일 먼저 '만드시는 일'을 시작하셨습니다. 빛을 창조하시고, 땅과 바다를 나누셨습니다. 그리고 동물을 빚으시고 사람을 만드셨습니다. 그렇다면 우리 하나님의 직업은 창조자(Creator), 예술가(Artist)이십니다. 그런 하나님이 우리를 '그분의 형상'대로 만드셨습니다. 창세기 1장 27a절, "하나님이 자기 형상 곧 하나님의 형상대로 사람을 창조하시되." 그럼, 질문 하나 하겠습니다. 하나님처럼 창조자로 지음받은 여러분은 지금 무엇을 만들며 살고 계신가요? 혹시 남들이 만든 세상에 휩쓸려, 그저 끌려다니고 있지는 않습니까?

사탄은 언제나 하나님의 반대 방향으로 우리를 이끌

고 가려 합니다. 문화에는 두 가지가 있습니다. '자연발생적인 문화'와 '우리가 보고 싶은 문화'가 있습니다. 예를 들어, 교회에서 지각하는 문화를 생각해 봅시다. 이것은 가만히 둬도 저절로 생기는 문화입니다. 자연적으로 발생하죠. 이것은 우리가 교회에서 보고 싶은 문화는 아닙니다. 보고 싶은 문화가 있습니까? 그렇다면 만들어야 합니다. 내가 보고 싶은 문화는 내가 만들어야 합니다. 그렇지 않고서는 자연발생적인 문화가 지배할 것입니다.

사탄은 오늘날 어떤 방식으로 우리를 공격할까요? 이것을 아는 것은 매우 중요합니다. 먼저, 사탄은 우리에게 문화에 대한 착각을 심어 줍니다. '문화는 단순한 예체능이다'라는 생각을 심어 줍니다. 과연 문화는 '예체능'만을 말하는 걸까요? 예를 들어 외국에서 오래 살다온 사람을 떠올려 봅시다. 그 사람의 생각이 상당히 많이 바뀌어서 돌아온 것을 볼 수 있습니다. 그 나라의 문화를 접하면서 사고의 방식이 그에 맞춰 변하게 된 것입니다. 그 나라의 은행에서 거래하는 문화, 카페에서 대화하는 문화, 일하는 방식 등에 적응하며 그 사람이 바뀐 것입니다. 그 나라의 음악을 듣고, 미술관을 가고, 그 나라의 운동을 했다고 변한 것이 아니라는 것입니다. 오랫동안 군인으로 생활했던 사람을 떠올려 보세요. 일반인과는 다릅니다. 이 또한 군대 문화에 있었기 때문입니다. 즉, 문화는 사람을 바꾸는 실제적인 힘이라는 것입니다. 음악, 미술, 체육만을 말하는 것이 아닙니다. 그런데 사탄은 우리에게 속삭입니다. '야! 문화는 특별한 날 하는 것이고, 특별한 사람이 하는 것이 문화야.' 그래서 결국 일반인들은 참여할 수 없는 것으로 생각하게 만듭니다. 사탄의 목적은 점점 문화의 정의를 축소시켜서, 크리스천의 영향력이 교회 밖으로 나오지 못하게 하는 것입니다. '너의 영향력은 딱 교회일 뿐이야'라고 말하는 것이죠.

글로벌 OTT 회사 넷플릭스가 생각하는 경쟁 상대가 누군지 아시나요? 디즈니가 아닙니다. 아마존이 아닙니다. 바로 사람의 '수면 시간'입니다. 그들이 직접 발표한 사실입니다. 이것이 무엇을 의미하나요? 세상은 이미 일상이 승부처임을 알고 있다는 것입니다. 세상도 일상이 승부처임을 알고 전력을 다해 뛰고 있는데 우리는 지금 어떤 모습으로 있습니까? 우리는 그들보다 더 귀한 영원한 가치를 가지고 있는 자들 아닙니까? 우리는 이를 역이용해야 합니다.

일상에 대한 하나님의 관점을 단번에 알 수 있는 성경의 이야기를 소개합니다. 요한복음 4장에는 우물가의 한 여인이 나옵니다. 예수님은 이 여인을 만나 변화시키십니다. 우선 여기서 이 배경의 설정이 교회가 아닌 우물가임을 주목해야 합니다. 배경이 도시입니다. 신약에는 도시라는 단어가 160번 나옵니다. 요즘으로 말하면 예수님은 우물가, 즉 스타벅스에서, 엘리베이터에서, 헬스장에서 이 여인을 만나신 것입니다. 예수님은 이 장면에서 기적을 베푸시지 않으셨습니다. 그냥 여인과 대화하셨습니다. 만약 예수님이 기적을 베푸셨다면 어땠을까요? '물이 우물가 안에서 갈라지고 물기둥이 솟아오르니 예수님이 물기둥을 막 타고 다니시더라. 여인이 그 광경을 보고 예수님을 믿었더라.' 만약 이러했다면 우리는 이렇게 말했을 겁니다. "에이~ 그건 예수님이니까 가능하죠." 하지만 예수님이 하신 행동은 '사람과의 대화'였습니다. 이것은 지금의 우리도 할 수 있는 일 아닙니까? 예수님은 우물가의 여인과 대화를 통해 그녀의 삶의 가치를 재발견하게 하셨습니다.

예수님이 여인과 대화하시자 어떤 일이 일어났어요? 여인이 사람들을 끌고 예수님께 데리고 왔습니다. 부끄러운 과거로, 한 남편도 못 불러왔던 여자가 마을 주민을 예수님께 데리고 옵니다. "여자가 물동이를 버려 두고 동네로 들어가서 사람들에게 이르되 내가 행한 모든 일을 내게 말한 사람을 와서 보라 이는 그리스도가 아니냐 하니 그들이 동네에서 나와 예수께로 오더라"(요 4:28-30). 놀라운 일 아닙니까? 마치 리더 같지 않습니까?

교회에서 리더를 세울 때 얼마나 어려운지 모릅니다. 10주, 20주 훈련시켜도 될까 말까입니다. "아 목사님, 성에 안차요. 30주짜리 만들어 주세요." 필요한가 보다 해서 만들어 줍니다. "목사님, 저번에 빠진 것 1주 보충해 주세요"하면 보충해 줍니다. 그렇게 해서 수료하면 결국 다른 교회로 갑니다. 결국 성도가 아니라, 목사가 훈련이 됩니다. 리더를 세우는 것이 이렇게 어렵습니다. 그런데 예수님은 단지 대화만으로 한 사람의 인생을 바꾸셨습니다.

우리는 이 본문을 통해서 또 한 가지를 알 수 있습니다. 믿는 자의 영향력은 교회 안으로만 제한되지 않는다는 것입니다. 이 여인의 영향력의 크기는 우물가가 아니라, 그 마을이었습니다.

우리도 마찬가지입니다. 내가 미치는 영향력의 크기는 도시 전체입니다. 서울에 살고 있다면, 내 영향력은 서울만 한 겁니다. 그런데 우리는 지구에 살고 있으니, 내 영향력은 지구만 한 것이죠. 그런데도 우리는 종종 교회 안에서만 영향력을 생각합니다. 그래서 교회 안에서 싸우고, 끊임없이 분쟁합니다. 왜일까요? 교회만이 나의 영향력을 펼칠 전부라고 생각하기 때문입니다. 안타까운 현실입니다.

하나님은 우리에게 무엇을 가르치고 싶으신 걸까요? 바로 '우리도 할 수 있다'는 것입니다. 하나님은 우리가 영향력을 가지고 있다는 사실을 깨닫길 원하십니다.

"그의 힘의 위력으로 역사하심을 따라 믿는 우리에게 베푸신 능력의 지극히 크심이 어떠한 것을 너희로 알게 하시기를 구하노라"(엡 1:19).

새로운 사명을 찾지 마라

요한복음 4장에는 예수님과 사마리아 여인의 대화가 나옵니다. 이 대화를 통해 예수님이 보여 주신 것은 단순한 이야기가 아닙니다. 예수님은 문화를 보여 주셨습니다. 벽을 허물고, 대화하는 문화를 알려 주신 것입니다. 삭개오와의 식사도 마찬가지였습니다. 죄인을 대하는 문화를 보여 주신 것입니다. 사람을 차별하지 않는 문화를 보여 주신 것입니다. 여호수아는 "너희가 섬길 자를 오늘 택하라 오직 나와 내 집은 여호와를 섬기겠노라 하니"(수 24:15b)라고 말했습니다. 결정하는 문화를 보여 주신 것입니다. 요셉을 통해서는 유혹을 거절하는 문화를 알려 주시고, 다니엘을 통해 두려움 가운데서도 마땅히 할 것은 해야 하는 문화를 보여 주신 것입니다. 하나님은 우리를 둘러싼 벽을 세워서 보호하지 않으십니다. 오히려 바깥쪽으로 흘러가도록 길을 만드시고, 담을 허무는 일을 하시는 분이십니다.

많은 청년이 사명을 찾고 있습니다. 제가 분명히 말씀드리고 싶은 것이 있습니다. 더 이상 사명을 찾지 마십시오. 그분이 보이신 사명에 뛰어드는 것이 우리의 사명입니다. 왜 새로운 일을 찾는 데 시간을 허비합니까? 어떤 사람은 직업이 사명이라고 착각하는 사람이 있습니다. 여러분 직업이란 것은 개수가 정해져 있습니다. 2019년도에 발간한 「한국직업사전(통합본 5판)」 기준으로 대한민국에는 16,891개의 직업이 있습니다. 이 직업들이 나의 사명을 담아 낼 수 있을까요? 예를 들어, 회사에 2명의 부장이 있습니다. 같은 부장이지만, 한 명은 주일날 교사를 하며, 아이들을 리더로 키우는 일을 합니다. 반면, 다른 한 명은 주일날 집에서 잡니다. 한 명은 하나님 나라의 사람들을 키우는 일을 하고, 한 명은 아직 예수님을 모르는 사람입니다. 그러나 직급은 '부장'으로 둘 다 똑같이 불립니다. 하고 있는 일이 엄연히 다른데도 말입니다. 보십시오. 직업은 나의 사명을 담아 낼 수 없습니다. 나의 사명은 직업보다 크다는 사실을 잊지 마시기 바랍니다.

그러므로 크리스천의 직업관은 이렇게 정리할 수 있습니다. 첫 번째 직업은 예수님이 보여 주셨던 사명에 동참하는 일이며, 두 번째 직업은 세상에서의 직업입니다. 지미 카터(Jimmy Carter) 전 미국 대통령의 유명한 일화가 있습니다. 그는 대통령 재임 중에도 가능한 한 주일이면 워싱턴에서 조지아로 날아가 주일학교 교사 역할을 했습니다. 많은 청년이 시간이 나면 봉사를 합니다. 사실 아무것도 안 하는 것보다는 나을 것입니다. 그러나 직장에 일이 생기면, 봉사부터 포기합니다. 급한 일이 터지면, 예배는 뒤로 미룹니다. 이러한 것을 우리는 신앙생활이 아니라, 취미 생활이라고 부릅니다. 말이 나온 김에, 십일조도 마찬가지입니다. 그냥 툭 10분의 1을 내놓는 사람이 있습니다. 아브라함은 십일조를 분량만으로 드린 것이 아닙니다. '가장 먼저'라는 시간의 요소가 있었습니다. 자기 쓸 것 다 쓰고, 마지막에 10분의 1을 드리는 것은 팁이라고 부릅니다. 그것은 십일조가 아닙니다.

다시 사명 이야기로 돌아오겠습니다. 어떤 이는, 사람이 없어서 사명을 이루기 힘들다는 사람도 있습니다. 문화를 일으키는 데는 많은 사람이 필요하지 않습니다. 단 한 사람의 다른 행동이 새로운 문화를 만듭니다. 예배 시간에 외국인 한 분이 새로 교회에 나왔다고 합시다. 그 사람은 괜찮은데 주변이 안절부절 합니다. '니가 통역해', '불편해 하시는 거 같아', '뭘 찾고 있는 것 같은데' 하며 계속 신경을 씁니다. 외국인 한 명만 있어도 분위기에 영향을 줍니다. 숫자가 많아서가 아니라, 달라서입니다. 다르게 행동하는 사람이 한 명만 있어도 영향이 미치는데, 다른 행동을 하는 사람들끼리 협력하면 소위 교회 내 바이브(Vibe, 분위기)는 변하기 마련입니다. "한 사람이 순종하지 아니함으로 많은 사람이 죄인 된 것 같이 한 사람이 순종하심으로 많은 사람이 의인이 되리라"(롬 5:19). 이 말씀은 한 사람의 영향력이 얼마나 큰 영향을 미칠 수 있는지를 보여 줍니다.

사명에 관한 착각 중에 하나는 돈이 없다는 것입니다. 그러나 여러분에게는 이미 훌륭한 무기가 있습니다. 바로 혀입니다. 말은 우리의 가장 큰 무기입니다. 하나님이 천지를 창조하실 때를 살펴봅시다. 하나님이 빛을 어떻게 창조하셨습니까? 말씀으로 창조하셨습니다. "하나님이 이르시되 빛이 있으라 하시니 빛이 있었고"(창 1:3). 이것이 의미하는 것은 말의 주요 기능은 대화가 아니라는 것입니다. 말씀으로 창조가 이루어짐을 보여 주는 대목입니다. 말은 소망을 만들고, 희망을 생기게 합니다. 예수님도 사복음서에서 사람들과 대화하면서 그들의 마음에 가치를 심어 주셨습니다. 그런데 우리는 말을 대화로만 사용합니다. '무슨 말을 할까', '무슨 말을 해야 이 계약이 성공할까'만 생각하니 일이 될 리가 없습니다. 하나님이 주신 최고의 무기를 두 번째 기능으로만 사용하기 때문입니다. 이것은 강력한 총으로 무장한 후에, 적을 향해 총알이 아닌 총을 던지고 있는 모양새와 같습니다. 여러분의 대화는 무엇을 창조하고 있습니까? 오늘 당신의 이야기를 듣고 몇 명이 삶의 가치를 깨달았습니까? 몇 명이 희망을 가지게 되었습니까? 여러분의 카카오톡 대화에는 어떤 온도의 말이 사람들에게 전달되고 있습니까?

"무릇 더러운 말은 너희 입 밖에도 내지 말고 오직 덕을 세우는 데 소용되는 대로 선한 말을 하여 듣는 자들에게 은혜를 끼치게 하라"(엡 4:29). 하나님은 부정적인 언어를 쓰는 사람을 절대 사용하지 않으십니다. 성경 어디에도 그런 적이 없으십니다. 여호수아와 갈렙이 그 증거입니다. 그들이 사용된 이유는 긍정적인 언어를 썼기 때문입니다. 『탈무드』에 이런 말이 있습니다. "말은 손이 없지만, 손이 하는 일을 한다." 아주 무서운 말입니다. 손은 가까이 있는 사람을 죽일 수 있지만, 말은 멀리 있는 사람도 죽인다는 것입니다. 화살은 방패로 막을 수는 있지만, 말은 방패로도 막을 수 없습니다. 엄청난 파괴력이 있는 것이 말입니다. 그러므로 말이 바뀌지 않는 크리스천은 하나님이 사용하시지 않으십니다. 창조의 하나님과 달리 주위를 파괴하기 때문입니다.

　우리의 사명은 분명합니다. 새로운 사명을 찾는 것이 아니라, 예수님의 사명에 동참하는 것입니다. 말을 대화로만 쓰지 말고, 격려와 희망의 말로 사람을 살리시기 바랍니다. 이것들 모두 오늘, 지금 바로 할 수 있는 일입니다.

'꼰대'는 직급으로 말하고 '리더'는 태도로 말한다

회사에 예수님을 믿지 않는 동료가 있다고 가정해 봅시다. 그에게 성경을 한번 읽어 보라고 말한다면 읽을까요? 쉽지 않을 겁니다. 사실 그들은 이미 읽고 있는 성경이 있습니다. 바로 당신이라는 성경을 읽고 있습니다. 그들은 성경을 읽는 당신을 읽고 있는 겁니다. 그들에게는 바로 당신이 성경입니다. 일상 속에서 우리가 어떻게 살아가느냐가 중요한 이유가 바로 여기에 있습니다. 우리의 대화, 일 처리 방법, 사람을 대하는 방식이 믿지 않는 사람들에게는 '예수 믿으면 저래도 되는구나'로 여겨집니다. '왜 사람들이 교회에 안 올까?'라는 질문의 대답은 '그들이 보고 있는 나' 때문일 수도 있다는 생각을 가져야 합니다. 그렇다면 우리는 세상 속에서 어떠한 자세로 살아가야 할까요? 얌전히 피해 있어야 합니까? 아니면 세상과 완전히 똑같이 행동해야 합니까? 예수님의 기도를 통해, 우리는 세상과 어떠한 관계를 맺어야 하는지 분명히 알 수 있습니다.

요한복음 17장에는 예수님께서 제자들을 위해 기

도하는 장면이 나옵니다. 영어 성경을 보면 그 구분이 명확하게 되어 있습니다. 예수님은 제자들이 "in the world" 즉, 세상 안에 있지만, "out of the world" 즉, 세상에 속하지 않도록 기도하셨습니다. 예수님은 "into the world"로 보냄받으셨고, 제자들도 "into the world"로 보내졌음을 말씀하셨습니다. 16절, "내가 세상에 속하지(out of the world) 아니함 같이 그들도 세상에 속하지(out of the world) 아니하였사옵나이다", 18절, "아버지께서 나를 세상에 보내신(into the world) 것 같이 나도 그들을 세상에 보내었고(into the world)"라고 쓰여 있습니다. 정리하면, 우리가 세상 속에서(in the world) 살면서도, 세상에 속하지(out of the world) 않고, 하나님께 보냄받은(into the world) 사명을 가지고 살아가야 함을 강조하는 것입니다. 이는 세상 속에서 살지만, 세상에 속하지 않는 방식으로 살아가라는 것입니다.

이러한 삶은 마치 바다에 떠 있는 배와 같습니다. 바다 위에 떠 있는 배에 물이 안으로 들어오면 배는 제 기능을 잃어버립니다. 그렇다고 배에 물이 들어올 것이 무서워 바다에 나가지 않는다면 이 또한 배로서의 기능을 할 수가 없습니다. 배는 바다 위를 항해해야 진정한 배입니다. 하지만 중요한 것은 바닷물이 배 안으로 들어오지 않도록 막아야 한다는 것입니다. 교회도 마찬가지입니다. 세상 속에서 살아가지만, 세상의 가치가 우리 안으로 들어오지 않도록 해야 합니다. 그러나 세상을 떠나우리끼리 모여 있어서는 교회라고 할 수 없습니다. 우리는 바다 한가운데서도 세상을 항해하는 배와 같은 존재입니다. 세상 속에서 살지만, 세상에 속하지 않는 방식으로 살기 위해서는 세상과 다른 사고방식을 가져야합니다. 이것은 태도에서 바로 드러납니다. 이 점은 매우 중요합니다. 태도는 전염되기 때문입니다. 사람이 가진 직위나 타이틀은 전염되지 않습니다. 그러나 사무실에서의 누군가의 태도는 그대로 전염됩니다. 누군가 직급에 상관없이 다른 태도를 보일 때 사람들이 영향을 받습니다. 직급으로 밀어붙이는 사람들은 우리가 소위 말하는 '꼰대'입니다. 진정한 리더는 계급이 아닌, '태도'로 말합니다. 리더는 남들과 '다른' 태도를 보여 주는 사람들입니다. 지금 여러분은 어떤 것으로 말하고 있습니까?

태도로 사람들을 이끈 대표적인 분은 예수님입니다. 모두 다 내 발을 닦아라 하고, 누가 더 크냐를 따지는 분위기에서 예수님은 제자들의 발을 씻기셨습니다. 다른 생각에서 다른 태도가 나온 것입니다. 이를 통해 우리는 예수님이 우리의 진정한 리더이심을 알 수 있습니다. 사도행전 16장 속 바울과 실라는 감옥에 갇혔습니다. 감옥에 갇혔을 때 그들이 보여 준 태도는 찬양이었습니다. 그 결과 옆에 있던 죄수들은 충격을 받았습니다. 이처럼 같은 상황에서 다른 태도를 하는 사람이 바로 리더입니다. 그때 세상 사람들은 그렇게 행동하는 사람에게 질문을 하게 됩니다. "너는 왜 그렇게 기뻐하니?", "너는 왜 흔들리지 않니?", "너는 왜 그렇게 평안해?" 우리는 세상 사람들에게 이러한 질문을 받는 인생이 되어야 합니다. 여러분은 어떻습니까? 반대로 여러분이 사람들에게 어떻게 살아야 하는지 묻고 다니시지는 않습니까? 베드로전서 3장 15절에 이렇게 적혀 있습니다. "너희 마음에 그리스도를 주로 삼아 거룩하게 하고 너희 속에 있는 소망에 관한 이유를 묻는 자에게는 대답할 것을 항상 준비하되 온유와 두려움으로 하고." 많은 청년이 제게 어떻게 살아야 하냐는 질문을 자주 던집니다. 그때마다 저는 질문받을 만한 삶을 살라고 대답합니다. 사람들이 왜 그렇게 행동하느냐고 물어볼 때, "예수님 때문입니다"라고 대답할 준비를 하라는 것입니다. 그런데 세상 사람들과 똑같이 살고 있다면 누가 이러한 질문을 하겠습니까? 오히려 세상이 그 사람에게 감 놔라 배 놔라 할 것입니다. 다윗을 기억하시기 바랍니다. 골리앗 앞에 서 있었을 때, 다윗에게는 어떠한 직함도, 권위도, 나이도 없었습니다. 그러나 다윗 한 사람의 다른 태도가 이스라엘 전체를 일으켜 세웠습니다.

청년들에게 묻고 싶습니다. 이제 막 들어온 신입사원에게 큰 직급이나 막대한 재정을 맡길 사람이 누가 있겠습니까? 여러분이라면 그렇게 하겠습니까? 청년들에게 가장 큰 무기는 높은 직위나 큰 돈이 아니라, 다른 태도입니다. 새로운 생각에서 나오는 태도와 말로 차이를 만들어 내십시오. 그것이 곧 영향력입니다.

영등포역 화장실 사건, 아니 사명

　많은 청년이 자신의 사명이 무엇인지 고민합니다. 사명은 한마디로 말하면, 계속 신경 쓰이는 것입니다. 남들은 그냥 지나치는데 나는 그냥 지나칠 수 없는 것, 그것이 바로 그 사람의 사명입니다. 예를 들어, 친구와 길을 걷고 있는데 앞에 짐을 한가득 든 할머니를 보았습니다. 친구는 그냥 지나치지만 내 마음엔 도와드려야겠다는 생각이 가득합니다. 그냥 지나치지 못하는 이 마음이 바로 사명입니다. 같은 신문 기사를 보더라도 다른 사람들은 그냥 넘어가지만 내 마음에서 계속 신경이 쓰인다면, 그곳에 바로 나의 사명이 있다는 신호입니다.

　저에게도 그냥 지나칠 수 없었던 두 가지의 큰 사건이 있었습니다. 먼저, 청년 때였습니다. 저는 한동안 영어 예배를 섬긴 적이 있습니다. 워십 리더가 미군에 복무하는 미국인이라, 그분을 도와 밴드마스터를 맡았습니다. 오전에는 영어 예배에서 봉사하고, 오후에는 청년 예배에서 찬양 인도를 했습니다. 찬양 인도를 하며 눈에 들어오는 게 있었습니다. 바로 번역된 찬양 가사였습니다. 한국의 훌륭한 찬양사역자가 만든 좋은 찬양을 부르면 될 것을 왜 굳이 해외 찬양을 번역을 해서, 뉘앙스를 맞추느라 오역되거나 손실된 가사가 붙은 찬양을 부르는 것인지 마음에 걸렸습니다. 그래서 제가 내린 결론은 '내가 직접 쓰자'였습니다. 그리고 때마침 논산 육군 훈련소에 찬양 사역 의뢰가 들어와서 그 팀과 함께 시편을 묵상하고 노래를 만들어 직접 찬양해 보기로 했습니다. 어떤 일이 벌어질지 궁금한 마음으로 시작했던 이것이 노크워십의 탄생이었습니다. 하나님의 마음을 잘 전달하고 싶었습니다. 그분의 사랑을 노래하려면, 그분의 사랑 앞에 가본 자만이 작곡할 수 있다고 생각했습니다. 그분의 거룩함을 노래하려면, 그분의 거룩함 앞에 서 본 자만이 노래를 쓸 수 있다고 여겼습니다. 그렇게 해서 나온 대표곡이 〈사랑한대 안고있대〉입니다. "난 주님께 물었어, 나를 사랑하는지, 사랑한대 여전히 날 안고 계시대." 부르는 사람에게 그림이 그려지고, 가까이 느껴지는 하나님을 정확히 전하고 싶었습니다. 이렇게 생각하기까지는 저에게 영향을 준 밴드가 있습니다. 세계적인 밴드 U2입니다. 이들은 단순한 코드 4개로 지구를 움직이는 자들로 회자되기도 합니다. 그룹의 리더인 보노는 UN에서 연설을 하고, 미국 대통령 앞에서도 다리를 꼬고 편하게 앉을 만큼 자신감이 넘치는 인물입니다. 그는 인류의 사랑과 희망을 노래하며 전 세계에 큰 영향력을 끼쳤습니다. 이렇게 일반적인 가치를 노래하는 밴드 U2도 온 세계에 영향력을 끼치는데, 그것과는 비교할 수 없는 생명 되신 예수 그리스도를 노래하는 자들인 우리가 예수님이 하신 일을 노래한다면 그들보다 더 큰 일이 일어날 수밖에 없지 않은가 하며 노크워십은 찬양을 만들었습니다. 그 후로 노크는 계속해서 곡을 쓰고, 불렀습니다. 어느새 노크워십에서 노크교회가 된 지금, 우리는 여전히 우리가 쓴 노래를 예배 때 부르며 하나님을 높이고 있습니다. 이것이 제가 경험한 큰 사건 중 하나입니다.

두 번째는 신학대학원에 다니던 시절이었습니다. 제가 대학원에 간 이유는 어떤 사건, 사고를 겪거나, 병에 걸리거나, 벼락을 맞아서가 아니었습니다. 어느 순간부터 기타만 잡으면 노래가 쉽게 나왔습니다. 그런데 문득 이런 생각이 들었습니다. '그냥 툭툭 가사 몇 줄을 채워

넣으면 사람들도 속이고, 심지어 하나님도 속일 수 있지 않을까?' 하는 두려움이 밀려왔습니다. 내가 찬양하는 하나님을 제대로 알고 싶다는 갈망이 생겼습니다. 그래서 결혼과 함께 직장을 내려놓고, 신학대학원에 들어가게 되었습니다. 대학원 과정을 보낼 때 저는 낮에는 조교로 일하고, 밤에는 수업을 들었습니다. 어느 날이었습니다. 밤 늦게 수업을 마치고 집으로 돌아가던 중, 영등포역에서 내려 화장실에 들렀습니다. 피곤한 몸을 이끌고 소변기 앞에 섰을 때, 벽에 붙은 스티커가 눈에 들어왔습니다. 너무나도 익숙한 성경 구절이 적혀 있었습니다. "하나님이 세상을 이처럼 사랑하사 독생자를 주셨으니 이는 그를 믿는 자마다 멸망하지 않고 영생을 얻게 하려 하심이라"(요 3:16). 바로 그때였습니다. 술에 취한 두 아저씨가 화장실로 들어왔습니다. 그들은 친구처럼 보였고, 저를 사이에 두고 양쪽 소변기에 아저씨들이 자리를 잡았습니다. 그런데 갑자기 왼쪽에 있던 아저씨가 벽에 붙은 스티커를 보며 큰 소리로 외쳤습니다. "독생자가 뭐꼬?" 순간, 제 머릿속이 멈췄습니다. '나한테 말을 거시는 건가? 신학생인 게 티가 나나?' 많은 생각이 머릿속을 스쳤습니다. 그때, 오른편에 있던 아저씨가 말했습니다. "이거 교회 아니가? 한문 아니가?" 저는 안도의 한숨을 내쉬었습니다. '아, 다행이다. 나한테 묻는 게 아니구나.' 그런데 바로 그 순간, 왼쪽 아저씨가 다시 물었습니다. "영생은 뭐꼬?" 이번에도 오른편 아저씨가 답했습니다. "교회 얘기다, 복잡하다. 2차 가자, 마!" 그렇게 두 분은 어깨동무를 하고 화장실 밖으로 나갔습니다. 아저씨들은 나갔지만 저는 한동안 그 자리에 서 있었습니다. 예수님을 아직 만나지 못한 자들을 위해 24시간 복음을 설명하고 안내해 줄 수 있는 곳이 어디일까 곰곰이 생각했습니다. 그런데 2,000년 전 예수님이 이미 우리에게 주신 해결책이 있었습니다. 교회입니다. 교회는 참 놀라운 곳입니다. 하나님은 이러한 일을 서울시청이나 영등포구청 같은 기관에 맡기지 않으시고, 오직 교회에만 그 역할을 위임하셨습니다. 에베소서 3장 10절 말씀입니다. "이는 이제 교회로 말미암아 하늘에 있는 통치자들과 권세들에게 하나님의 각종 지혜를 알게 하려 하심이니." 교회에는 각기 다른 재능을 가진 다양한 사람이 모입니다. 연기하는 사람, 가르치는 사람, 노래하는 사람 등 다양한 재능을 가진 이들이 함께 모입니다. 저는 그들의 방향만 잘 잡아 주면, 그들이 평생 예수님의 사랑과 생명을 전하는 자로 성장할 수 있다는 것을 그때 알았습니다. 이만한 곳이 어디 있단 말입니까? 교회야말로 이 세상에서 가장 특별하고 유일한 곳입니다. 그리고 이런 곳에서 예수님이 대장되겠다고 하시니, 이런 든든함이 또 어디에 있습니까.

"교회는 그의 몸이니 만물 안에서 만물을 충만하게 하시는 이의 충만함이니라"(엡 1:23). 지금 노크에서 사역하고 있는 저는 너무나도 행복하고, 하나님이 신경 쓰시는 것에 계속 시선을 맞추고 있습니다. 바로 잃어버린 자녀들입니다. 하나님은 우리를 계속 마음에 두셨고, 그 사랑으로 예수님을 우리에게 보내셨습니다. 여러분도 이제 더 이상 망설이지 말고, 계속 신경 쓰이던 그 일을 향해 한 걸음 내딛으십시오. 그 시작이 바로 사명의 첫 걸음이 될 것입니다.

우리 교회에 나 같은 사람들만 출석한다면?

　벽돌 하나로는 성을 쌓을 수 없습니다. 벽돌끼리 서로 연결되지 않고는, 건물을 쌓아 올릴 수 없습니다. 나 혼자 신앙생활을 잘하는 것으로는 하나님 나라가 세워질 수 없습니다. 서로가 서로를 도와주고, 이끌어 줘야 합니다. 악한 마귀가 쓰는 수법을 하나 알려 드리겠습니다. '너는 너 혼자 신앙생활 열심히 해, 그런데 연결은 좀 부담된다고 얘기해, 누구와 협력하는 것은 부담된다고 말해.' 이러한 마음을 갖게 하는 것이 마귀의 수법입니다. 마귀가 쓰는 전략은 성도 모두가 타락하게 만들고, 죄짓게 만들고, 술 먹고, 클럽 가게 하는 것이 아닙니다. 바로, 분열입니다. 어떤 것도 지을 수 없게 분열시키는 것입니다. 그 순간 교회는 아무것도 할 수 없게 됩니다. 우리가 흔히 하는 착각 중 하나가 이것입니다. "목사님, 제 아내와 화합하고 싶어요. 그런데 목사님이 제 아내를 몰라서 그러시는데, 말도 못해요." 어떤 사람은 그럽니다. "목사님, 회사에서 상사가 너무 힘들게 하는데, 미칠 것 같아요.", "목사님, 우리 팀이 하나 되고 싶어요.

근데, 우리 팀원이 저를 속 썩여요." 이 말들의 공통점이 무언지 아시나요? 전부 다 남한테 집중하고 있다는 것입니다. 연합은 누구부터 시작됩니까? 나로부터 시작됩니다. 스스로한테 질문해 봅시다. '우리 교회에 나 같은 사람만 있으면 우리 교회가 강해질까? 약해질까?' 예를 들어, 70명이 앉아 있습니다. 70명이 전부 다 나 같은 사람입니다. 그러면 이 교회는 어떻게 될 것 같습니까? 우리 교회의 미래, 아니 당장 다음 주에 어떻게 될 것 같습니까? 우리가 해야 될 것은 남을 지적하는 것을 멈추고, 내 자신부터 바뀌는 것입니다.

코로나 시기에 한국교회는 온라인 예배를 드려야 하나, 오프라인 예배를 드려야 하나로 나뉘어 많은 이야기가 오갔습니다. 그때 저는 문득 외국의 건강하게 성장하는 교회들은 어떻게 하고 있을지 궁금했습니다. 찾아보니 놀라운 점을 발견했습니다. 외국의 건강한 교회들은 '어디에 있든 우리는 하나'라는 따뜻한 말로 서로를 격려하고 있었습니다. 또 빨리 만나고 싶다는 마음을 계속 표현하며, 누구도 서로를 비난하거나 죄책감을 느끼게 하지 않았습니다. 노크교회도 코로나 동안 온라인으로 예배를 함께 드리고 있다는 사실을 계속 성도들에게 알려 주었습니다. 그랬더니 코로나 시기가 끝나자, 누구 하나 상처받지 않고, 언제 그랬냐는 듯이 교회로 모이기 시작했습니다. 어떤 교회들은 이제 온라인 예배는 끝났다고 생각하고 안심하는 듯했습니다. 이제 오프라인으로 돌아가자며 온라인 예배를 접거나 더 이상 신경 쓰지 않는 교회도 있었습니다. 하지만 저는 조금 다르게 생각했습니다. 성도들은 이미 온라인 예배를 학습했고, 이제 예전으로 되돌아가는 것은 불가능하다고 느꼈습니다. 그래서 저는 오프라인 예배의 감동을 온라인으로도 그대로 전달해서, 성도들이 이곳을 그리워하며 오프라인 예배에 나올 수 있도록 기다리기로 결정했습니다. 오프라인에서만 할 수 있는 교제, 성찬, 침례 같은 것들을 보여 주며 성도들이 오프라인 예배를 부러워하게 만들어 자연스럽게 다시 교회로 오게 하자는 것이 제 생각이었습니다. 그래서 우리는 코로나가 끝난 후에도 온라인 예배를 오프라인 예배와 똑같이 중요하게 여기기로 했습니다. 오프라인에서 느끼는 감동을 온라인으로도 그대로 전달해, 온라인으로 예배드리는 사람들이 교회를 그리워하고 직접 교회에 오고 싶어지게 하자고 생각했습니다.

온라인 사역에 실패하는 교회들의 공통된 특징은 이를 부차적인 일로 생각하는 데 있습니다. 그러나 온라인 사역은 또 하나의 중요한 사역입니다. 온라인으로 참여하는 성도들을 하나로 묶고, 그들에게도 교회의 중요한 일원임을 느끼게 해야만 그들이 움직이기 시작합니다. 온라인 사역이 단순한 보조 수단이 아닌, 교회의 핵심적인 사역 중 하나임을 인식하는 것이 중요합니다. 우리는 코로나 시기에 절약된 재정으로 방송 장비를 재정비했습니다. 카메라 시스템을 시네마 모드로 업그레이드했습니다. 국내에는 알려 주는 사람이 없어 외국 사이트를 보며 제가 스스로 공부했고, 비싼 장비 대신 우리에게 적합한 장비를 찾아냈습니다. 이 과정에서 외국에서는 자기들의 기술을 나누고 공유하는 데 훨씬 관대하다는 것도 알게 되었습니다. 홈페이지도 한국에서 만들고자 했지만, 견적은 비싸고 유지 관리 절차가 너무 복잡했습니다. 무엇보다 교회 입장에서는 편할지 몰라도, 새신자들이 쉽게 참여하게 만든 홈페이지는 없었습니다. 대부분 교회 입장에서 행정, 헌금 관리, 재직 관리가 편한 사이트였습니다. 그래서 저는 또 외국의 사례를 찾아 직접 홈페이지를 만들 수 있는 방법을 찾아 사용자가 이용하기 편하도록 만들었습니다. 우리가 원하는 그림을 정하고, 그 그림에 맞는 것을 어떻게든 찾아내는 방식으로 풀어 나갔습니다. 코로나 이후, 우리는 마치 우리 교회가 사라질 것처럼 모든 것을 쏟아부었습니다. 골로새서 3장 23절은 "무슨 일을 하든지 마음을 다하여 주께 하듯 하고 사람에게 하듯 하지 말라"라고 말합니다. 여기서 "주께 하듯"이라는 말은 모든 것을 쏟아부으라는 말입니다. 사역도 마찬가지입니다. 이 사역이 마지막인 것처럼 쏟아부어야 합니다. 천국에 힘을 남겨서 들고 가지 말라는 말입니다.

전쟁이 끝난 후, 화살통에 화살이 남아 있으면 안 됩니다. 전쟁 전에 화살을 잘 닦다 보면 '이렇게 잘 다듬은 활을 쏘기 아깝네'하는 착각에 빠질 수 있습니다. 하지만 화살은 손질할 때가 아니라, 적진에 날아가 꽂힐 때 비로소 그 역할을 다하는 것입니다. 전쟁이 끝났을 때 화살통에 화살이 남아 있다면, 그것은 최선을 다해 싸우지 않았다는 증거입니다. 화살은 화살통에 남아 있을 것이 아니라, 적진에 꽂혀 있어야 합니다. 마찬가지로 우리도 주님을 위해 아무것도 남기지 말고, 모든 것을 쏟아부어야 합니다. 나부터 그렇게 할 때, 교회는 변화될 것입니다. 쏘세요, 전부를!

Message

Attitude

크리스천의 진정한 실력은 인격입니다.

새벽, 남산에서 만난 할아버지

얼마 전, 남산에서 새벽 러닝을 하고 있을 때였습니다. 제 뒤에서 숙련된 러너가 빠르게 다가오는 것 같아 자연스럽게 길을 비켜 줬습니다. 그런데 예상과는 전혀 다른 사람이 제 앞을 지나갔습니다. 젊고 건강한 사람인 줄 알았는데 백발의 할아버지가 저를 지나쳐 뛰어갔습니다. 새벽 공기와 남산의 분위기가 만들어 낸 연출 덕분인지 순간 그분이 예수님인 줄 알았습니다. 하지만 할아버지의 러닝 실력보다 더 충격적인 것이 있었습니다. 할아버지가 찬송가를 흥얼거리며 뛰고 계셨다는 것입니다. 그 찬송가는 〈잠시 세상에 내가 살면서〉라는 찬양이었습니다. "잠시 세상에 내가 살면서 항상 찬송 부르다가 날이 저물어 오라 하시면 영광 중에 나아가리 열린 천국문 내가 들어가 세상 짐을 내려놓고 빛난 면류관 받아 쓰고서 주와 함께 길이 살리." 충격이었습니다. 그분은 단순히 육체적 준비를 넘어서 영적인 준비까지 하고 계셨던 겁니다.

골로새서 1장 29절에서 바울은 이렇게 말합니다. "이를 위하여 나도 내 속에서 능력으로 역사하시는 이의 역사를 따라 힘을 다하여 수고하노라." 바울은 자신의 모든 힘을 다해 수고하면서도, 그 안에서 하나님의 능력이 함께 역사하신다는 확신을 가지고 있었습니다. 말씀 속 "내 속에서 능력으로 역사하시는 이"가 누구십니까? 바로 하나님이십니다. 그가 일하실 것을 의지하면서 동시에 누가 힘을 다해 수고하고 있습니까? '내가' 수고합니다. 인간의 책임과 역할을 강조하는 것입니다. 성경은 하나님의 일하심과 나의 수고, 두 가지가 같이 가고 있음을 말합니다. 우리는 자주 이렇게 생각합니다. '인간의 노력은 노력이고, 하나님의 은혜는 은혜다. 둘 중 하나를 선택해야 하지 않나?' 우리는 종종 이원론적인 사고에 빠집니다. 인간의 힘으로만 하거나, 하나님의 은혜에만 기대려 합니다. 모든 것을 모 아니면 도로 나누는 경향이 있습니다. 하지만 빛을 한번 보십시오. 빛은 파동이면서도 동시에 입자입니다. 과학자들도 이 두 가지가 어떻게 동시에 존재하는지 완전히 설명하지 못합니다. 이원론으로는 이 땅에 빛도 제대로 설명 못합니다. 시편 81편 10b절에서도 하나님은 말씀하십니다. "네 입을 크게 열라 내가 채우리라." 하나님이 채워 주실 것은 분명하지만, 먼저 우리가 입을 열어야 합니다. 하나님의 일하심과 우리의 수고, 두 물줄기가 같이 흐르고 있다는 것입니다.

나쁜 신학은 아무 것도 못하게 만드는 신학입니다. 하나님의 일하심을 믿으니, 우리는 할 것 없다는 것입니다. 하나님이 전능하시니 교회 올 사람은 다 올 것이고, 안 올 사람은 안 올 것이니 우리가 전도할 것이 무엇이 있겠느냐라는 주장이 대표적입니다. 그래서 아무것도 할 필요 없다는 것입니다. 개똥철학입니다. 성경 속 하나님이 누구신지 모르고, 자신의 논리로 나머지를 채워서 주장하는 패턴입니다. 이런 사람들은 성경까지도 아닙니다. 자연과학부터 이해해야 해야 할 것입니다. 반대의 주장도 참 문제가 많습니다. 하나님이 아니라 우리가 다 해야 한다는 사람들입니다. 둘 다 똑같은 애들입니다. 하나님이 들어가실 여지가 없습니다. 균형을 추구하는 힘이 있어야 합니다. 하나님의 주권이냐, 인간의 책임이냐. 믿음이냐, 행위냐를 말할 때 성경은 두 가지 다 말하고 있음을 기억해야 합니다. "나는 심었고 아볼로는 물을 주었으되 오직 하나님께서 자라나게 하셨나니 그런 즉 심는 이나 물 주는 이는 아무 것도 아니로되 오직 자라게 하시는 이는 하나님뿐이니라 심는 이와 물 주는 이는 한가지이나 각각 자기가 일한 대로 자기의 상을 받으리라"(고전 3:6-8). 심는 자나 물을 주는 자는 아무것도 아니라는 것입니다. 사람은 아무것도 아니라는 겁니다. 오직 하나님만이 자라게 하신다는 것입니다. 그런데 고린도전서 3장 9절은 이렇게 말합니다. "우리는 하나님의 동역자들이요 너희는 하나님의 밭이요 하나님의 집이니라." 저는 이 구절이 참 좋습니다. 우리가 하나님의 동역자라는 사실이 놀랍지 않습니까? 우주를 창조하신 하나님이 여러분과 나와 함께 일하기를 원하십니다. 물론 하나님이 모든 것을 주관하십니다. 그러나 이 "동역자"가 뜻하는 바는, 우리 모두에게 맡겨진 역할도 있다는 사실입니다. 그렇다면 우리의 역할은 무엇입니까? 베드로전서 2장 5절은 이렇게 말합니다. "너희도 산 돌 같이 신령한 집으로 세워지고 예수 그리스도로 말미암아 하나님이 기쁘게 받으실 신령한 제사를 드릴 거룩한 제사장이 될지니라." 우리가 그분이 집을 짓는 데 사용하는 돌들

이라는 것입니다. '너희가 누구인지 알고 싶은가? 너희
는 벽돌이다. 나도 마찬가지다. 우리는 모두 전문가의 손
에 들린 벽돌일 뿐이다.' 벽돌이 건축가보다 클 수는 없
습니다. 건축가가 모든 주권을 가지고 있습니다. 그러나
벽돌이 건축가의 말에 협조하지 않고 도망 다닌다면, 집
은 지어질 수 없습니다. 하나님이 우리에게 허락하신 자
리는 벽돌의 자리입니다. 동시에 우리는 하나님의 벽돌
공이기도 합니다. 우리가 벽돌을 쌓는 존재이기도 합니
다. 여기서 앞에서 얘기한 이중적인 개념이 나옵니다. 이
것은 마치 예수님이 우리를 대신하여 죽으신 어린양이
시기도 하시면서, 동시에 대제사장이신 것과 같습니다.
우리는 그분의 손에 쥐어진 벽돌이자, 동시에 하나님의
사명을 가지고 일하는 벽돌공이기도 합니다. 그러므로
기억해야 합니다. 우리는 하나님 이야기의 일부입니다.
하나님이 우리를 그분의 이야기로 초대해 주셨습니다.
우리는 하나님의 동역자입니다.

너도 XX 멋있어

예수님을 믿겠다고 결단했습니까? 그 순간부터 여러분은 하나님의 자녀가 되었습니다. 하지만 거기서 끝나는 게 아닙니다. 바로 다음 날부터는 '성화'의 여정이 시작됩니다. 성화란, 쉽게 말해 '예수님을 닮아 가는 과정'입니다. 마치 부부가 결혼식으로 결혼을 선언하고, 살면서 평생 서로 닮아 가는 과정을 시작하는 것과 비슷한 말입니다.

과정이란 너무나 중요합니다. 예를 들어 비행기에 탑승했는데 기장이 "안녕하세요, 저는 비행에 대한 열정이 넘칩니다. 정식 훈련 과정을 받은 적은 없지만, 걱정하지 마세요! 열정 하나 만큼은 자신 있습니다. 오늘 그 뜨거움으로 여러분을 모시겠습니다. 비행기 이륙합니다!"라고 방송을 했다고 합시다. 여러분은 그 비행기를 탈 수 있으십니까? 여러분이 병원에 갔는데, 의사가 이렇게 말하는 겁니다. "걱정하지 마세요. 어젯밤 온라인으로 학위를 땄습니다. 이제 수술을 시작하겠습니다!" 여러분 그 의사를 믿고 수술대에 오를 수 있겠습니까? 말도 안됩니다. 과정이 없으면 위험한 겁니다. 과정은 너무나 중요한 시간이고, 누구에게나 필요한 시간입니다.

　여름에 있었던 일입니다. 청소년 수련회에서 가서 말씀을 전하고 난 뒤에 경험한 일입니다. 한 고등학생이 다가와 이렇게 말했습니다. "목사님, 오늘 설교 진짜 XX 멋졌어요!" 'XX'는 우리가 옛사람일 때 자주 사용하던 단어로, 새사람이 된 우리는 쓰지 않는 표현이었습니다. 하지만 그 학생이 그런 배경을 알 리가 있습니까? 이 친구는 그저 자신이 만난 예수님께 푹 빠져 있었습니다. 언어가 미처 필터링되지 않고, 받은 은혜를 표현하기 바빴던 것입니다. 마치 초창기의 베드로가 어부 시절의 언어로 은혜를 나누었던 모습 같았습니다. 은혜로 눈이 반짝이는 학생에게 저도 웃으며 말했습니다. "너도 XX 멋있다!" 그 학생은 신나게 예배실로 뛰어 들어갔습니다. 우리는 이러한 당황스러운 상황을 종종 경험할 때가 있습니다. 길을 걷다가 '공사 중'이라는 팻말 보면 어떻게 합니까? 욕하지 않습니다. 그런가 보다 하고 다른 길로 돌아갑니다. 자기와 다른 사람을 볼 때 '이 사람은 예수님이 공사하시는 중이시구나'라고 생각해야 합니다. '왜 저렇게 사나' 속으로 정죄하면 안 됩니다.

성령에는 아홉 가지 열매가 있습니다. "오직 성령의 열매는 사랑과 희락과 화평과 오래 참음과 자비와 양선과 충성과 온유와 절제니 이같은 것을 금지할 법이 없느니라"(갈 5:22-23). 성경이 말하는 이 성령의 열매들이 가진 특징이 무엇이라고 생각하십니까? 이 열매들의 공통점은 모두 다 시간이 필요하다는 것입니다. 우리는 한 달 충성한 사람을 보고 충성이 대단하다고 말하지 않습니다. 30년 정도의 데이터가 있고 나서야, '충성하면 저 사람이지'라고 말할 수 있습니다. 온유는 어떻습니까? 수련회 때 2박 3일 사람들한테 부드러웠다고 해서 온유한 사람이라고 말할 수는 없습니다. 이 열매들은 하루아침에 맺어지는 게 아닙니다. 아주 오랜 시간이 필요합니다. 동시에 이 열매들은 전부 인격과 관련 있습니다. 즉, 성령님은 우리의 인격에 관심이 있으시다는 것입니다. 놀랍지 않습니까? 하나님은 나의 인격에 초점을 맞추고, 평생 열매를 맺기를 원하신다는 것입니다.

또한 성령의 은사라는 말을 들어 보셨을 것입니다. '은사'는 '은혜 은'(恩), '줄 사'(賜)로, '주어진 선물'을 뜻합니다. 영어로는 Spiritual Gifts, 즉 영적 선물입니다. 열매와 달리 은사는 오랜 시간이 필요하지 않고, 하나님께 즉각적으로 받을 수도 있습니다. 그렇기에 하나님이 주신 선물임을 잊으면, 은사로 인해 교만해질 수 있습니다. 대표적으로 방언, 예언, 병 고침 같은 것이 성령의 은사입니다. 고린도전서 12장 8-10절은 성령의 은사를 다음과 같이 말합니다. "어떤 사람에게는 성령으로 말미암아 지혜의 말씀을, 어떤 사람에게는 같은 성령을 따라 지식의 말씀을, 다른 사람에게는 같은 성령으로 믿음을, 어떤 사람에게는 그 한 성령으로 병 고치는 은사를, 어떤 사람에게는 능력 행함을, 어떤 사람에게는 예언함을, 어떤 사람에게는 영들 분별함을, 다른 사람에게는 각종 방언 말함을, 어떤 사람에게는 방언들 통역함을 주시나니." 말이 나온 김에 예언에 대해서도 말씀드리겠습니다. 간혹 교회 안에서 '내년에 죽는다'라거나 '다음 달에 다친다'라는 식의 말로 사람들을 겁을 주는 사람들이 있습니다. 어떤 권사님이 예언을 잘하신다며 그분께 기도를 받으러 가기도 하고, 어느 장로님이 한 말로 인해 몇 년째 두려움에 사로잡혀 있는 사람도 있습니다. 하지만 여러분, 성경의 '예언'과 일반적인 '예언'은 한자부터가 다릅니다. 성경에서 말하는 예언은 '맡길 예'(預), '말씀 언'(言)입니다. 하나님이 그분의 메시지를 우리에게 '맡기셨다'는 뜻입니다. 단순히 미래를 예측하는 것이 아니라, 하나님의 뜻을 전달하는 것입니다. 성경에 이미 나와 있는 말씀을 전하는 것이 참된 예언입니다. 그래서 신약에서의 '예언'은 '설교'를 의미한다고 이해하시면 됩니다. 반면, 우리가 흔히 사용하는 예언은 '미리 예'(豫), '말씀 언'(言)으로 말 그대로 미래를 예상하는 것에 불과합니다. 성경적 예언과는 전혀 다른 의미입니다. 그러니 여러분이 살면서 앞으로 '네가 죽네, 사네' 온갖 이야기를 들어도 두려워할 필요 없습니다. 그런 말을 하는 사람들은 성경도, 한자도 제대로 모르는 사람들입니다. 하나님은 좋으신 하나님이시며, 우리를 보호하십니다. 디모데후서 1장 7절이 정확하게 이야기합니다. "하나님이 우리에게 주신 것은 두려워하는 마음이 아니요 오직 능력과 사랑과 절제하는 마음이니." 그럼에도 몇몇 사람은 왜 잘못된 길을 걸어 가고 있을까요? 성령의 은사와 열매의 균형이 없기 때문입니다. 은사에 취해 교만

해진 것입니다. 선물을 주신 분이 누구인지 잊은 것입니다. 주신 분이 있다는 것은 그분이 언제나 다시 가져가실 수도 있음을 기억해야 합니다. 성령은 우리의 인격에 관심이 있으십니다. 우리는 선물에 대해 겸손히 감사하며, 하나님의 뜻대로 사용해야 합니다. 그러므로 교회에서 봉사자를 세울 때 주의할 점이 있습니다. 흔히 '너 이거 잘하네? 그럼 이거 해 봐' 하면서 일을 맡기곤 합니다. 은사만 보고 일을 맡긴 경우입니다. 이럴 경우 꼭 문제가 생깁니다. 피아노는 잘 치는데 사랑이 없습니다. 주차 관리는 잘하지만 온유하지 않습니다. 결국 본인도 지치고, 주변 사람들도 힘들어집니다. 직분자를 재산이 많다는 이유로 세웠을 때 나중에 대환장쇼가 펼쳐지는 이유가 바로 그것입니다.

크리스천의 진정한 실력은 인격입니다. 예수님을 닮는 것은 손에서 장풍이 나가는 것이 아니고, 흰옷을 입고 천천히 걸어 다니는 것도 아닙니다. 예수님이 도시를 보며 눈물 흘리셨던 그 마음, 베드로에게 두 번째 기회를 주셨던 그 마음을 닮는 것입니다. 우리는 모두 하나님 안에서 '공사 중'이라는 사실을 잊지 맙시다.

도시라솔-파미레도

매년 여름, 전국 각지에서 청년, 청소년 캠프가 열립니다. 저도 지난 2024년 1월부터 9월까지 약 50여 군데에 초대를 받아서 설교했습니다. 그런데 모든 캠프들을 유심히 보니 희한한 공통점이 있었습니다. 캠프의 주제가 대부분 '영향력'에 관련한 것이었습니다. 이것이 의미하는 바는 우리 모두가 '영향력'이 얼마나 중요한지 인정하고 있다는 것입니다. 그렇다면 이 영향력은 도대체 무엇이며, 어디에서 비롯되는 것인지 알고 계십니까?

한번 생각해 봅시다. 하나님께서 우리에게 8개의 음을 선물해 주셨다고 가정해 보겠습니다. '도, 레, 미, 파, 솔, 라, 시, 도'라는 8개의 음을 주셨습니다. 그런데 어떤 이는 이렇게 말합니다. '하나님, 왜 제게는 8개 음만 주셨나요? 피아노가 88개의 건반인 건 아시죠? 거기서 8개만 주셨네요. 휴. 옆 사람은 더 많은 음을 받았는데, 왜 저만 이렇게 적게 받은 거죠?' 불평과 불만을 하는 사람도 있을 것입니다. 반면 어떤 사람은 이렇게 말합니다. '우와, 하나님께서 저에게 8개의 음을 주셨군요! 심지어 높은 도까지 주시다니! 할렐루야. 정말 감사합니다! 이걸로 하루 종일 놀 거예요!' 같은 8개의 음을 받았어도 반응은 완전히 다릅니다. 8개의 음만 받았다고 불평하는 사람은 점점 더 불만족스럽고, 하나님이 앞으로 더 주신다고 해도 좀처럼 그 원망하는 습관은 나아지지 않을 것입니다. 반면 받은 음을 누리기 시작한 사람은 하루 종일 건반을 눌러 봅니다. 길게 눌러 봤다가, 이어서 연주도 해 보았다가, 짧게 끊어서도 해 보았다가. 그러다가 도레미파솔라시도, '아, 거꾸로도 해 볼까' 도시라솔파미레도. 여러분 혹시 휴대폰에서, 혹은 가까운 피아노로 가서 음을 연주해 보세요. 도부터 아래로 내려가 보세요. 길게 짧게를 반복해서도 해 보세요. 그러면 너무나도 익숙한 음이 들릴 것입니다. 바로 우리가 잘 아는 찬송 〈기쁘다 구주 오셨네〉가 들릴 것입니다. 이 찬송은 바로 이 8개의 음으로 만들어진 노래입니다. 지금 '도시라솔-파미레도'를 눌러 보세요. 네, 맞습니다. 바로 그 찬송입니다. 하루 종일 '도시라솔파미레도'를 연주한 사람의 노래를 "만백성 맞으라" 만백성이 부르는 노래가 된 것입니다. 주신 것을 누리는 사람이 '만백성'이 부르는 노래를 만들었습니다. 바로 이것이 '영향력'입니다. 영향력은 주어진 것을 누리는 사람에게서만 나옵니다.

사도 바울과 실라를 생각해 보십시오. 그들은 감옥에 갇혔습니다. 감옥에 간 이유는 나쁜 짓을 했기 때문이 아닙니다. 예수님을 전했기 때문입니다. 이들이 처한 상황은 충분히 불평하고 원망할 수 있는 상황이었습니다. 요즘으로 말하면, '하나님, 제가 이렇게 열심히 예배 드리는데 왜 이런 일이 일어나나요? 교회도 열심히 나가는데 왜 이런 시련이 오는 거죠?'라고 말할 수 있는 상황이었습니다. 그러나 바울은 달랐습니다. "한밤중에 바울과 실라가 기도하고 하나님을 찬송하매 죄수들이 듣더라"(행 16:25). 바울은 하나님을 찬송했습니다. 제정신이 아닙니다. 그런데 이것이야말로 '누리는 자'의 모습입니다. 하나님이 바라시는 최고의 모습입니다. 그리고 그 찬양을 바로 옆에 있는 죄수들이 들었습니다. 이것이 바로 '영향력'입니다. 바울과 실라는 죄수들에게 영향을 미치려고 찬양한 것이 아니었습니다. 그저 하나님을 누렸을 뿐입니다. 그 결과 죄수들이 그 찬양을 들은 것입니다.

많은 사람이 영향력을 갖고 싶어 하고 리더십을 배우고 싶어 합니다. 하지만 진정한 영향력은 받은 것을 누리고, 작은 것들에 감사할 때 시작됩니다.

사도 바울의 누리는 태도는 여기서 끝나지 않습니다. "내가 달려갈 길과 주 예수께 받은 사명 곧 하나님의 은혜의 복음을 증언하는 일을 마치려 함에는 나의 생명조차 조금도 귀한 것으로 여기지 아니하노라"(행 20:24)라고 고백합니다. 이 말씀은 선교를 나갈 때 주로 단체 티셔츠에 새기는 인기 구절입니다. 이 구절만 보면 무시무시해 보이기도 합니다. '오, 나의 생명조차? 나 예수 믿으면 죽는건가?' 그런데 이 구절은 사실은 누리는 자의 특징을 보여 줍니다. 저는 가까운 곳에서 '누리는 사람'을 본 적이 있습니다. 한번은 집의 프린터가 고장이 나 PC방에 간 적이 있습니다. 제 옆자리에는 고등학생 한 명이 앉아 있었습니다. 게임을 하던 그 아이 옆에는 컵라면 5개가 쌓여 있었고, 그 아이의 눈을 슬쩍 보니 빨갛게 충혈되어 있었습니다. 거기서 저는 발견했습니다. '오, 나의 생명조차 조금도 귀한 것으로 여기지 않고 있구나.' 이 친구는 완전히 누리고 있었습니다. 누리는 대상만 바꿔 주면 분명 크게 될 친구였습니다. 이것이 무슨 의미입니까? 사람들은 누리고 있는 것들, 진짜 좋아서 하는 것들은 밤을 새서 합니다. 눈이 빠질 때까지 하고, 몸이 부서져라 합니다. 누리는 사람의 특징은 생명조차 귀한지 모르고 한다는 것입니다. 일반적인 사업이나, 가진 재능에 푹 빠져서 한다면 뭐라도 결과가 있기 마련입니다. 하물며 하나님의 일을 하는 사람들이 하나님에게 푹 빠져서 움직인다면 그분이 가만 놔두시겠습니까? 절대 그렇지 않습니다. 반드시 좋은 길로 인도하십니다.

"여호와께서 사람의 걸음을 정하시고 그의 길을 기뻐하시나니 그는 넘어지나 아주 엎드러지지 아니함은 여호와께서 그의 손으로 붙드심이로다"(시 37:23-24). 하나님이 나를 붙드시고 계십니다. 옆에서 '누가 잘되네, 안 되네', '8개의 음을 받았네, 안 받았네' 하는 말은 중요하지 않습니다. 그런데도 참 신경이 쓰이는 경우가 있습니다. 주위에서 악인의 인생이 잘될 때입니다. 이해가 되지 않습니다. 좋은 집에 고급 승용차를 타고 다니며 도무지 망할 기미가 안 보입니다. 하나님께 영광을 돌리지 않는 삶을 사는 게 분명한데도 고생은 나만 하는 것 같습니다. 그럴 때 억울하기도 합니다. 그런데 여러분, 인생에서 정말 중요한 건 내가 지금 어느 좌석에 앉아 있느냐가 아니라, 그 비행기가 어디로 가고 있느냐입니다. 비행기를 탈 때 우리가 제일 먼저 확인하는 것은 목적지입니다. 좌석이 이코노미인지 일등석인지, 창가인지 복도인지, 그건 중요하지 않습니다. 내가 탈 비행기가 캐나다행인지, 일본행인지가 핵심입니다. 여러분이 비행기 일등석에 앉았어도, 지금 추락 중이라면 그게 무슨 의미가 있습니까. 여러분이 자리가 좁은 이코노미석에 앉아 있어 조금 불편하다고 해도, 그 비행기가 천국행이라는 사실이 중요한 것입니다. 지금의 편안함에 속지 마시기 바랍니다. 옆사람과 비교도 하지 마시기 바랍니다. 어디에 앉아 있느냐가 아니라, 비행기가 어디로 향하고 있느냐가 문제입니다.

하나님의 인도하심을 믿고, 신실하게 일하시는 하나님께 삶을 맡기십시오. 주신 것들을 누리시기 바랍니다. 영향력의 삶은 거기서부터 시작됩니다.

왜 라테 맛이 다를까?

제 아내는 화이트 초콜릿 라테를 참 좋아합니다. 항상 시럽은 한 번만 넣고, 생크림은 없이 주문을 합니다. 그런데 매번 마시는 화이트 초콜릿 라테일지라도 지점마다 맛이 다르고 바리스타마다도 맛이 다릅니다. 곰곰이 이유를 살펴보니, "시럽을 한 번만 넣어 주세요"에 대한 해석이 사람마다 다르기 때문이었습니다. 어떤 바리스타는 시럽을 끝까지 꾹 누르고, 또 어떤 사람은 살짝만 누르는 겁니다. 둘 다 '한 번' 넣는 건 맞지만, 그 미세한 차이가 결국 맛에 변화를 주었던 것입니다. 저는 몇 번의 경험을 통해 이 작은 디테일들이 결과에 미치는 영향이 생각보다 크다는 것을 알게 되었습니다. 만약 더 구체적으로 라테를 만들 때의 과정들을 다루었다면, 바리스타별로, 지점별로 맛의 차이가 느껴지지는 않았을 것입니다. 즉, 구체적일 경우에 뜻이 제대로 전달되고 하나가 될 수 있다는 것입니다. 이것이 의미하는 바는 구체적일 때 하나 됨이 이루어지고, 하나 됨을 이루고자 한다면 구체적이 되라는 것입니다. 교회가 어떤 비전과 문화를 나누고자 할 때, 그 비전이 명확하고 구체적이어야 사람들이 같은 방향으로 나아갑니다. 그렇지 않으면 혼란이 생기고, 큰 틀에서 벗어나게 됩니다. 같은 라테지만 맛이 다르듯, 비전이 전달되지 않으면 그 공동체도 미세하게 다르게 흘러가게 되는 겁니다. 결국 구체적인 것이 탁월함을 만들고, 신뢰를 쌓습니다. 예수님을 믿는 사람들끼리 대화를 나누면 대체로 쉽게 통합니다. 비슷한 배경을 공유하고 있기 때문입니다. 예를 들어, 찬양팀에서 "오늘 2번 곡은 은혜로 갑시다"라고 말하면, 대부분 이해합니다. '계속 반복하면서 인도자의 신호를 따르라는 뜻이겠구나' 또는 '한 키 올리면서 기타 솔로가 나올 수 있겠구나'라고 눈치챕니다. 그러나 이제 막 예수님을 믿기 시작한 사람이 찬양팀에 섰다고 가정해 봅시다. 인도자가 "오늘 2번 곡은 은혜로 갈게요"라고 말하면, 그 사람은 혼란스러워할 수 있습니다. '2번째 곡이 바뀐 건가? 〈은혜로〉라는 곡을 하라는 건가?'라고 생각할 겁니다. 이런 혼란의 이유도 바로 구체적이지 않아서입니다. 구체적인 표현이 없으면 사람들을 하나로 만들 수 없습니다. 그렇기 때문에 우리는 더 구체적으로 말해야 합니다. 명확한 말과 행동을 통해서만 진정한 의미가 정확하게 전달됩니다.

크게 말한다고 전달되는 것이 아닙니다. 예를 들어, 우리가 강 건너편에 있는 한 사람에게 하나의 색깔을 알려 주고, 종이에 그 색을 그리게 해야 하는 상황을 상상해 봅시다. 그런데 아직 상대방에게 무슨 색을 전달해 줄지 정하지는 못한 상태입니다. 그런 상태에서 무작정 '내가 더 크게 소리지르면 네가 내 색깔을 선택하겠지' 하며 우리 모두가 각자가 좋아하는 색깔을 외치면 건너편에 있는 도대체 무슨 색을 말하는 건지 알 수가 없습니다. 이 또한 구체적이지 않아서 그렇습니다. 하지만 건너편에 있는 사람에게 전하고 싶은 색깔이 구체적으로 주황색으로 정해졌다면 그때부터는 큰 소리는 필요가 없습니다. 모두 다 같이 입을 모아 '주황'을 외치면 됩니다. 전보다 작은 소리로 외쳐도 듣는 사람은 정확하게 무엇을 말하는지 알 것입니다. 하나님께서는 이 사실을 잘 아셨습니다. 구약을 보면, 이스라엘 백성이 출애굽을 합니다. 출애굽기 12장 38절을 보면, 수많은 잡족과 양과 소와 심히 많은 가축이 그들과 함께하였습니다. 수많은 잡족 즉, 이방인도 함께 나왔다는 것입니다. 이스라엘 백성끼리만 있지 않았다는 뜻입니다. 그들과 함께 하나님 안에서 하나가 되기 위해서는 이방인에게 구체적인 전달을 해야 했습니다. 그래서 하나님께서는 '십계명'이라는 율법을 말이 아닌 돌판에 적힌 문자로 전해 주신 것입니다. 이것이 의미하는 바는 하나님께서는 외국인도 하나 되게 만들고 싶으셨다는 것입니다. 바로, '구체적인' 문자로 말입니다. 따라서 우리 일상에서 반드시 점검해야 할 것이 있습니다. '왜 저 사람은 제대로 순종하지 않는 거야?', '내 말을 우습게 아는 건가' 라는 생각이 들 때, 먼저 자신을 돌아보시기 바랍니다. 내가 구체적으로 전달하지 않은 것은 아닌지, 세부적으로 설명하지 않은 것은 아닌지부터 체크해야 합니다. 작은 것이라도 구체적으로 전달하시기 바랍니다. 우리의 사역을 망치는 것은 본질과 같은 큰 문제들이 아닙니다. 예수님을 믿지 않는 봉사자나 절에 다니는 찬양 팀원이 있어서 문제가 생기는 일은 거의 없습니다. 오히려 작은 말 한마디, 오해를 부를 수 있는 카카오톡 메시지, 봉사는 힘들다는 식의 한숨 등 작은 것들에서부터 공동체가 위협받을 수 있습니다. 그것들을 작은 것이라고 무시하면 결국 공동체에 부정적인 영향을 미칠 수 있습니다.

"우리를 위하여 여우 곧 포도원을 허는 작은 여우를 잡으라"(아 2:15a). 작은 여우들이 포도원을 망친다고 말합니다. 우리의 사역도 작은 부분을 방치했을 때 전체가 무너질 수 있습니다. 구체적인 것이 얼마나 중요한지 아시겠습니까? 하나님 앞에서 말씀을 증거할 때도 구체적이고 명확하게 전해야 합니다. 우리는 죄인이고, 예수님이 우리를 구원하시기 위해 십자가에서 죽으셨으며, 사흘 만에 부활하셨고, 그 예수님을 믿고 의지할 때 우리도 부활의 능력과 생명을 얻게 된다는 사실을 구체적으로 외쳐야 합니다. 믿지 않는 자들이, 이제 막 믿은 자들이 주님 안에서 하나 되기를 원하십니까? 영향력을 갖기를 원하십니까? 내가 전하는 것들이 과연 구체적인지 돌아보며 이 질문을 스스로에게 던지시기 바랍니다. 그때 비로소 여러분이 원하는 방향으로 사람들이 움직일 것입니다.

너… 우리 팀 맞냐?

하나님의 속성이라는 것이 있습니다. 하나님의 성품이죠. 거룩, 전능하심, 선하심, 사랑과 같은 것들입니다. 그중의 하나가 기쁨입니다. 요한복음 15장 11절은 이렇게 말합니다. "내가 이것을 너희에게 이름은 내 기쁨이 너희 안에 있어 너희 기쁨을 충만하게 하려 함이라." 예수님은 "내 기쁨"이라고 하셨습니다. 그리고 그 기쁨을 혼자만 갖고 계신 것이 아니라, 너희들도 충만하게 받기를 원한다고 말씀하셨습니다. 그러므로 하나님을 믿는 사람들에게는 기쁨이 있어야 합니다. 환경으로 인한 기쁨은 다른 종교를 믿는 사람에게도 있습니다. 그러나 우리가 기뻐하는 이유는 예수님께서 기뻐하라고 하셨기 때문에 기뻐하는 것입니다. 이 밖에도 성경 곳곳에서 기쁨을 강조하는 구절을 찾을 수 있습니다. "주 안에서 항상 기뻐하라 내가 다시 말하노니 기뻐하라"(빌 4:4). "항상 기뻐하라"(살전 5:16). 그런데 살다 보면 '기뻐하는 것이 참 쉽지 않은 세상이구나'라고 느낄 때가 있습니다. 원망하는 마음, 질투와 미움, 시기를 만드는 것은 순식간입니다. 그런 것은 놔두어도 순식간에 사람들 사이에 퍼집니다. 자, 그렇다면, 여기서부터 선택입니다. '그러니까 예수님, 기쁨 만들기 어렵잖아요. 그냥 살래요.' 이렇게 생각하는 사람이 있습니다. 반면에 어떤 사람은 '그래서 더더욱 기쁨을 만들기만 하면 엄청 큰 능력이 되겠네요.' 이렇게 선택하는 귀한 분도 계십니다. 어떤 사안이 탁 펼쳐졌을 때, 예수님 쪽에 서서 얘기하는 사람이 있고, 세상 쪽에 서서 세상을 대변하는 사람이 있습니다. 예수님이 보시기엔 '너… 나랑 같은 팀 맞냐?' 하실 정도의 느낌이 들 정도로 말입니다. 이 사람들의 특징은 세상을 열심히 변호합니다 '예수님, 세상 진짜 어렵습니다.' 그러나 예수님 편에 서는 사람은, '예수님, 그러면 제가 한번 해 봐야겠죠'라고 해야 할 텐데 말입니다. 그런데 이러한 마음으로 예수님 편에 서는 것이 생각보다 쉽지가 않습니다. 그러는 데에는 이유가 있습니다.

세상에는 중력이 두 가지가 있습니다. 우리가 알고 있는 물리적인 중력입니다. 지구로 끌어당기는 힘입니다. 또 하나는 '평범함의 중력'입니다. '어제의 중력' 또는

'살던 대로의 중력'이라고 이름을 붙일 수가 있습니다. 기뻐하려고 하지만 '내가 새삼스럽게 그럴 필요 있나'하고 포기합니다. 그래서 예전처럼 살아가는 것입니다. 새롭게 되는 것을 포기하는 것입니다. 느헤미야 8장 10절에 보면 그 중력을 깨 버리는 사람이 나옵니다. 바로 느헤미야입니다. "느헤미야가 또 그들에게 이르기를 너희는 가서 살진 것을 먹고 단 것을 마시되 준비하지 못한 자에게는 나누어 주라 이 날은 우리 주의 성일이니 근심하지 말라 여호와로 인하여 기뻐하는 것이 너희의 힘이니라 하고." 와, 놀랍지 않습니까? 주님을 기뻐하는 것이 힘이라고 말합니다. 느헤미야가 힘의 정의를 바꿔 버린 것입니다. 우리는 자기 힘을 기르는 것만 힘이라고 생각합니다. 그것이 사탄의 전략입니다. 저는 여러분이 힘의 정의를 왜곡시켜서 우리를 엉뚱한 곳에 힘을 낭비하게 하는 것이 사탄의 전략이라는 것을 깨달았으면 합니다. 우리의 힘은 바로 뭡니까? '하나님을 기뻐하는 것'이라는 겁니다. 그렇다면 어떤 사람이 힘 있다고 해서 부러워할 것이 아닙니다. 내가 힘 없다고 우울해할 것도 없다는 것입니다. 이처럼 하나님 안에서 힘에 대한 정의가 없으면 흔들립니다. 크리스천이라고 한다면, 각 단어마다 정리가 되어 있어야 합니다. 간혹 청년들에게 믿음이 뭐냐 물으면 쭈뼛쭈뼛합니다. 자기의 사전에 정리가 안되어 있습니다. '사랑이란 뭐냐', '네가 믿는 하나님이란 누구시냐' 물으면 입에서 술술 정의가 나와야 합니다.

베드로전서 3장 15b절에 뭐라고 쓰여 있습니까? "너희 속에 있는 소망에 관한 이유를 묻는 자에게는 대답할 것을 항상 준비하되 온유와 두려움으로 하고." 여러분은 대답할 것이 준비되어 있으십니까? 무슨 말을 준비하고 계십니까? 믿음의 용어 사전이 있습니까? 회사에서 누군가가 '너희 회사 프로젝트가 뭐야' 물으면 멈추지 않고 대답합니다. '어 우리 회사 1/4분기는 이거고, 4/4분기는 이거야.' 듣는 사람은 관심도 없는데 신나서 얘기합니다. 아니 조금 있으면 없어질 회사고, 요즘은 직업의 수명도 짧아졌는데, 그것에 대해서는 막힘없이 말합니다. 그런데 내가 평생을 믿을 하나님에 대해서는, 하나님이 주시는 성령에 대해서는 말하지 못합니다. 통탄할 일입니다. 이단에 빠지는 이유도 이것입니다. 누군가 '힘은 뭐냐' 물으면 '네, 힘은 하나님을 기뻐하는 것입니다'라고 말할 줄 알아야 합니다. 뒤집어 말하면, '기쁨이 없으면 약해진다'는 뜻입니다. 기쁨 없이 일하는 사람은 오래가지 못합니다. 왜냐? 힘이 없기 때문입니다. 임산부의 고통과 그냥 아픈 환자의 고통은 그래서 다른 것입니다. 10개월 후면 아이가 나오는 희망을 가진 예비 엄마는 기쁩니다. 그래서 견딜 수 있는 것입니다. 아이를 볼 기쁨에 아픔을 이기는 것입니다. 그래서 기쁨은 힘입니다.

여러분, 세상에 쉬운 일은 없습니다. 쉽게 하는 방법만 있을 뿐입니다. 그 비결이 바로 기쁨입니다. 예를 들어 'A4 용지 한 장을 저 옆으로 옮기십시오'라는 명령이 있습니다. 얼마나 쉽습니까? 그런데 기쁨이 없으면 종이 한 장이라도 지구 전체를 드는 것과 같은 힘든 느낌을 받습니다. '내가 왜 이것을 하고 있지?' 하는 낙심이 듭니다. 그런데 기쁨을 가지고 하면 쉽습니다. 지금 일이 어려운 이유? 일이 어려워서가 아니라, 내 안에 기쁨이 없어서입니다. 기쁨을 체크하시기 바랍니다. 하나님을 기뻐하는 것은 단순한 감정이 아니라, 힘이라는 것을 기억하시기 바랍니다. 지금 힘내세요. 지금 기뻐하세요.

예수님은 시간이 남을 때
십자가에 달리신 것이 아니다

여러분이 지금 하고 있는, 누리고 있는 모든 것은 연습을 통해서 이루어진 것입니다. 근육도 꾸준히 운동했더니 가지게 된 것입니다. 패션도 여러 옷을 입어 보니, 옷을 잘 입게 된 것입니다. 공부, 음악, 연기 전부 다 연습해야 하는 것입니다. 그런데 신앙은 연습하고 계십니까? 왜 신앙은 연습 안 하십니까? 어떤 사람은 말씀이 안 읽혀진다고 대답합니다. 그럼 저는 반문하고 싶습니다. 말씀에 대한 연습을 얼마나 했습니까? 기도가 요즘 안 된다면, 기도에 대한 훈련을 안 하신 겁니다. 그럼 안 되는 게 당연하죠. 저는 요즘 밥을 먹고 20~30분씩 산책하고 있습니다. 산책을 하며 느끼는 건 산책도 몹시 어려운 일이라는 겁니다. 밥을 먹고 나면 카페에 가서 앉아 있고 싶기 때문입니다. 이처럼 걷는 것도 훈련해야 되는 것이 사람입니다. 사람들은 진짜 하고 싶은 건 돈 내고 훈련받으러 다닙니다. 테니스, 필라테스, 전공 관련 수업처럼 말입니다. 이것이 보여 주는 것은 우린 다

생활 속에서 훈련하면서 살고 있다는 의미입니다. 훈련해야 성장한다는 것을 우리 모두가 알고 있습니다. 훈련이라는 소리만 들어도 경기 일으키는 사람들 있습니다. '아 무슨 훈련입니까, 자율적으로 맡기면 안 되나요?' 하지만 할 건 해야 합니다. 그것이 사는 길이기 때문입니다. 훈련을 싫어하는 사람에게는 발전이 없습니다. 하나님의 훈련이 있을 때 하나님은 우리를 세상보다 크게 만드십니다. 가령, 지뢰밭에 지뢰가 어디 있는지 표시되어 있는 지도를 가지고 들어가라고 했다면, 그것이 어떻게 그 사람을 옭아매는 것입니까? 그것을 잔소리로 여길 사람은 없습니다. 오히려 지도가 우리에게 자유를 주고 있는 것입니다. 세상에 살면서 하나님께서 내게 훈련시키고자 하는 내용은 우리에게 자유를 주시고자 하는 것입니다. 그래서 성경에서 훈련하라 말하는 부분만 꼽아만 봐도, '아, 내가 진짜 지금 놀고 있을 때가 아니구나' 하는 생각이 들 것입니다. 성경에서 위로받을 것만 찾지 말고, 내게 훈련시키시려는 것을 찾아보시기 바랍니다.

훈련은 시간을 내서 하는 것입니다. 시간이 남아서 하는 것은 훈련이라고 할 수 없습니다. 자기가 하고 싶은 것을 다하고 남은 시간에 하는 걸 우선순위라고 부르지 않습니다. 그런 것은 언제나 다른 것에 밀릴 수밖에 없습니다. 성경만 읽으면 왜 졸리십니까? 할 것 다하고 시간이 남을 때 읽어서 그렇습니다. 기도만 하면 왜 졸리십니까? 볼 것 다 보고, 걱정할 것 다하고, 시간이 남을 때 기도해서 그렇습니다. 예수님께서 십자가를 지심은 시간이 남아서 그러신 것이 아닙니다. 시간을 내서 우리를 위해 십자가에 달리신 겁니다. 그런데 우리는 어떻습니까? 시간이 남을 때 십자가를 찾지 않습니까? 시간을 내서 말씀 읽고, 시간을 내서 기도한 다음에 이야기해야 합니다. 디모데전서 4장 7절은 "망령되고 허탄한 신화를 버리고 경건에 이르도록 네 자신을 연단하라"라고 말합니다. NIV 영어 성경으로 보면 'Train yourself'라고 되어 있습니다. 스스로 훈련하라는 뜻입니다. 훈련은 거짓말하지 않습니다. 독재자도 팔굽혀 펴기를 하면 체지방이 줄어듭니다. 성인 군자라도 패스트푸드를 먹으면 고지혈증에 걸립니다. 훈련은 정직합니다. 그렇다면 우리는 독재자와는 비교할 수 없는 귀한 가치를 향해 뛰는 사람들 아닙니까? 그렇다면 우리는 더욱 훈련해야 합니다. 바른 가치와 귀한 복음이 이미 있기에 우리는 더더욱 그것을 위해 준비해야 하는 것입니다. 성경에 많이 등장하는 언어는 군사 용어입니다. 하나님께서 우리를 군사로 여기면서 말씀하셨기 때문입니다. 훈련 없는 군사가 어찌 전쟁에 나가겠습니까? 물론 하나님은 우리를 자녀로도 대하십니다. 자녀로 대하시는 하나님의 어법도 있습니다. 그런데 어떤 사람은 주님이 군사로 부르시고 훈련하며 전진하자고 외치시면 '하나님, 저 자녀잖아요. 제겐 아직 상처가 있어요' 하면서 핑계를 댑니다. 이런 사람의 특징은 하나님이 자녀로 부르시며 '애야, 오늘은 나와 함께 있자' 말씀하시면 '안 돼요. 저 일해야 돼요' 하고 군사처럼 움직입니다. 청개구리식입니다. 잊지 마세요. 훈련을 피해서는 성장을 이룰 수 없습니다.

여러분이 성장을 이루었던 순간들을 생각해 보십시오. 동의나 의논에 의해서 성장한 순간이 없습니다. 대체로 외부의 명령에 의해서 성장했을 것입니다. 명령이라는 건 자기 자신을 뛰어넘으라는 바깥에서의 외침이라고 생각하시면 됩니다. '한 번 더!', '한 바퀴 더!'라는 코치의 외침이 나를 뛰어넘게 합니다. 그때 자기가 갖고 있는 재능 이상으로 발휘하게 마련입니다. 고만고만한 수준의 사람들끼리 고만고만한 의논을 합니다. 그렇게 100일을 해도 성장은 일어나지 않습니다. 그것을 아시는 하나님께서는 우리에게 명령하십니다. 명령이 아니고서는 우리는 성장할 수 있는 토대가 마련되지 않기 때문입니다. 그래서 수많은 목소리가 나를 붙잡고 있다 할지라도 '뛰어넘어라', '시각을 가져라' 이런 목소리에 뛰어드는 사람만이 성장을 누릴 수가 있습니다. 이렇게 얘기하면 또 사람들은 '현실적으로 어려워서 못합니다'라고 말합니다. 신앙생활이 어렵다고 하소연 합니다. 꼭 신앙의 영역에서는 '어려우면 안 해도 된다'는 공식을 접목하는 사람들이 있습니다. 제가 한마디 하겠습니다. 여러분, 그러면 삶에서 어려운 건 다 안 하고 사십니까? 그렇지 않습니다. 실제적으로 밖에서 나가서 하는 거 보십시오. 어렵다고 안 하고 살지 않습니다. 굳이 신앙까지 이야기하지 않아도 됩니다. 어렵지만 출퇴근하고, 어렵지만 사람을 만나 이야기를 나눕니다. 게임도 어렵지만 그 판을 깨려고 열심히 하지 않습니까? 풋살을 하더라도 상대팀을 이기고 싶어서 여러 기술도 배우는 법입니다. 어렵지만 주말마다 산에 올라가고, 어렵지만 손 베여 가면서 요리를 배웁니다. 그러니 어려워서 못 한다가 아니라 하기 싫어서 안 한다가 맞는 것입니다. '어렵지만'이라는 그 미사여구를 붙여 애써 포장하는 것입니다. 실제로는 그것을 하기 싫어서 안 하는 것일 뿐입니다.

가만히 보면 우리는 하나님께서 나의 일을 방해하지 않는 선에서 도와주시기를 원합니다. 내가 잡아 놓은 계획이 이미 있습니다. 하나님께서 자신의 계획을 취소시키지 않으시면서 도와주시길 바라는 기도를 올립니다. 그저 내게 제안하시는 하나님이 되기를 바랍니다. 이런 태도는 기도하면서도 내가 취소하거나 선택할 수 있는 여지를 늘 남겨 두는 것입니다. 재미있는 것은 똑똑한 사람일수록, 이런 태도가 자주 나타납니다. 기도하지만 자신의 뜻이 관철될 때까지 움직이지 않습니다. 결국 자기 좋아하는 것만 합니다. 그러니 우리는 이렇게 기도해야 합니다. "하나님, 이제 저에게 '제안'하지 마시고 그저 하나님이 원하시는 것 저에게 '명령'하여 주세요." 그럴 때 우리는 우리 자신을 뛰어넘는 강한 사람이 될 것입니다.

우리는 너무 늦게 기도합니다

비전을 가지고 나아가고 계십니까? 혹시 누구도 반대하지 않을 것으로 예상하십니까? 모든 비전에는 비판이 따를 수밖에 없습니다. 비판을 막을 수 있는 사람은 없습니다. 그러나 그 비판을 대하는 우리의 반응은 우리가 선택할 수 있습니다. 우리가 선택해야 할 것은 기도입니다. 느헤미야를 보십시오. 예루살렘 성벽을 다시 쌓을 때, 그는 비판받았습니다. 비판을 들을 때 느헤미야는 그 사람한테 DM을 보내지 않았습니다. '너 누구야? 나랑 한판 뜨자!' 이렇게 하지 않았습니다. 바로 누구한테 얘기했습니까? 하나님께 이야기했습니다. 느헤미야 6장 9절을 보십시오. "이는 그들이 다 우리를 두렵게 하고자 하여 말하기를 그들의 손이 피곤하여 역사를 중지하고 이루지 못하리라 함이라 이제 내 손을 힘있게 하옵소서 하였노라." 하나님께 기도했습니다. 다윗도 마찬가지였습니다. 사무엘상 30장에서 다윗이 자기 부하와 함께 전쟁을 치르고 아지트로 돌아왔습니다. 그 사이 아말렉이 쳐들어와 아내와 자녀들을 사로잡아 갔습니다. 백성이 울 기력이 없도록 소리를 높여 울었습니다. 그 상황에서 부하들까지 다윗을 죽이자고 했습니다. 진퇴양난의 상황에서 다윗의 행동은 어떠했습니까? "백성들이 자녀들 때문에 마음이 슬퍼서 다윗을 돌로 치자 하니 다윗이 크게 다급하였으나 그의 하나님 여호와를 힘입고 용기를 얻었더라"(삼상 30:6). 다윗도 하나님께 기도했습니다. 이것이 크리스천이 인생을 풀어 가는 방법입니다.

기도는 완벽한 나를 보여 주는 것이 아닙니다. 기도는 있는 그대로의 진정한 나를 들고 나아가는 것입니다. 어떤 사람은 늘 완벽하게 기도하려고 하다가 한마디도 못합니다. 제발 그러지 마십시오. 혼란스럽고, 어렵고, 화나는 이 마음 그대로 나가는 게 기도입니다. 몇몇 청년들은 제가 기도하라고 말해도 마음이 심란해서 다음에할 테니 제게 기도해 달라고 부탁을 합니다. 아닙니다. 지금 그 상태로 하나님께 나아가는 게 기도입니다. 건강할 때 병원에 갑니까? 아플 때 가는 곳이 병원입니다. 교회도 마찬가지입니다. 엉망이 되었을 때 가는 곳이 교회입니다. 그러니 기도는 우리의 마지막 선택이 아닌 우리의 첫 번째 반응이어야 합니다. 즉, '기도라도 해 보자'가 아닌 '기도부터 해 보자'가 되어야 합니다. '기도해야죠' 도 아닙니다. 본능적으로 기도해야 합니다. 의외로 많은 사람이 자연적인 영역에서만 싸움을 벌이려고 합니다. 자기가 사람을 다 상대하려고 합니다. 만나서 어떻게 해 보려고 합니다. 협상하려고 합니다. 왜 모든 좌절의 무릎 을 하나님께 들고 나가 그분의 무릎 위에 올려놓을 생각 을 안 합니까? 왜 모든 낙심의 마음을 예수님께 들고 나 가 여러분을 위해 싸우신 그 주님의 강력한 손 위에 올 려놓을 생각을 안 합니까?

우리는 너무 늦게 기도합니다. 문제가 발생하자마자 기도해야 합니다. 문제를 맞딱뜨리자마자 걱정이 아니 라 곧바로 기도입니다. 또한 기도할 때 초점이 모입니 다. '내가 이 일을 왜 시작했지' 돌아볼 수 있습니다. '하 나님이 내게 이 일을 왜 시키셨지'에 초점을 맞출 수 있 습니다.

우리가 곧장 하나님 앞에 문제를 들고 기도의 자리로 나아가려 할 때 마귀는 우리를 산만하게 유혹합니다. 고 민하게 만들고 걱정하게 만들면 우리가 알아서 해결 방 안을 뒤로 미루고, 결국에는 해결하지 못하게 될 것이기 때문입니다. 우리는 산만함의 시대에 살고 있습니다. 앞에 사람이 앉아 있음에도 불구하고 휴대폰을 계속 들여다보는 세상에 살고 있습니다. 그러면서도 지루하다고 말합니다. 넷플릭스를 시청하면서 인스타그램도 동시에 보는 시대입니다. 산만함, 그 자체입니다. 인류 역사상, 이렇게 인생의 선택지가 많은 시기가 없었습니다. 기도로 반응하지 않고서는 쉽게 낙심하고, 혼란스러울 수밖에 없는 세상입니다.

노크교회를 개척하고 나서 어떻게 하면 부흥할 수 있을지 궁금했습니다. 그래서 대가 목사님들의 설교를 듣고, 선배 목사님께 여쭤 보기도 했습니다. 그때마다 한결같이 그분들의 대답은 '기도밖에 없다'였습니다. 처음에는 분명히 방법이 있는데, 알려 주지 않으신다고 생각했습니다. 그런데 지나고 보니 아니었습니다. 제 생각에 변화가 생겼습니다. 교회에 처음 온 새가족 중 열심을 다하는 분이 계셨습니다. 리더까지 할 것 같다 생각하고 일을 맡겼는데, 결국 교회를 떠났습니다. 반면에 표정도 미지근하고, 하는 것도 시원찮은 분이 있었습니다. 조만간 안 나올 것 같다 생각했는데, 지금 우리 교회의 가장 열심인 리더가 되어 있습니다. 결론은 이거였습니다. '주님, 제 눈은 개 눈입니다. 저는 모르겠습니다.' 맞힐 수가 없었습니다. "목사님, 교회에서 이 프로그램 만들어 주세요" 라고 하는 성도도 있었습니다. 그래서 만들면, 만들어 달라던 사람이 코빼기도 안 보입니다. 오히려 다른 성도들이 더 열심히 그 프로그램에 참여합니다. 몇 번 그런 일을 경험하고 나니 놀랍지도 않습니다. 주중에 요청이 있어서 심방을 갑니다. 가서 밥도 먹고, 차도 마시고, 얘기도 듣습니다. 회복이 된 것 같아 보여서 보람을 느꼈습니다. 그런데 꼭 그러면 주일날 예배에 안 나옵니다. 늦잠 잤답니다. 거의 국룰 아니, 교회룰입니다. 이런 일을 계속 겪다 보니 11년이 지난 지금, '주님, 저는 모르겠습니다'라는 마음이 생겼습니다. '하나님, 한치 앞도 모르겠습니다. 인도해 주세요.' 기도가 절로 나옵니다. 선배 목사님들이 맞았습니다. 기도 밖에 없음이 완전 정답이었습니다.

다시 한번 말씀드립니다. '기도라도 해 보자'가 아닙니다. '기도부터 해 보자'입니다. 기도의 순서를 바꿈으로, 인생의 순서를 바꾸시기 바랍니다.

야, 차 좀 태워 줘

여러분, 일상생활에서 누군가를 내 차에 태울 때 어떻게 행동하십니까? 대부분은 바로 타인을 차에 태우지 않습니다. 아마 여러분이 다른 사람 차를 탈 때도 비슷한 경험을 했을 것입니다. 제가 청년들의 차를 얻어 탈 때도 청년들은 그냥 저를 타게 놔두지 않습니다. 제가 조수석에 앉으려고 하면, 잠시 기다려 달라고 한 뒤 앞좌석에 있던 서류들을 뒷좌석으로 던져 놓습니다. 이리저리 정리합니다. 게다가 차에서 이상한 냄새가 난다고 방향제를 뿌리기도 하는데 원래 냄새랑 섞여서 더 이상한 냄새가 될 때도 있습니다. 이렇듯 누군가를 차에 태울 때는 애쓰면서 정리합니다.

만약 예수님께서 오늘 나의 차를 타시겠다고 하는 상황을 상상해 봅시다. 여러분이라면 어떻게 하겠습니까? 그렇다면 일상생활에서 누군가를 태울 때보다 더 신경써서 치우지 않겠습니까? 세차하고, 물건 정리하고 여러 조치를 취한 후에 예수님을 모시러 가지 않겠습니까? 그런데 현실은 안타깝게도 더러운 차 그대로, 예수님이 탈 자리조차 없는 상태로 차를 준비하는 사람이 너무나 많습니다. 만약 여러분이라면 뭐부터 정리할 겁니까? '예수님이 타실 자리가 없네. 뭐부터 버려야지?' 이런 판단이 섰다면 어떻게 행동합니까? '트렁크에 이거 실어? 그럼 무거워질 텐데', '이건 아예 버려야 돼, 며칠 동안 안 썼잖아', '버릴 건 버리자', '아, 이건 있어야 돼. 예수님께 꼭 보여 드리고 싶은 사진이야, 이건 맨 앞에 둬야지.' 이처럼 예수님을 모실 판단을 하니 정리할 것이 나오고, 버릴 것이 나옵니다. 우리의 육체는 예수님을 모시는 하나님의 가치를 운반하는 차량과도 같습니다. 그래서 우리는 우리의 몸을 잘 돌봐야 합니다.

우리가 때로 금식을 합니다. 금식 기도는 무슨 의미입니까? 나는 밥심으로 뛰지 않는다, 하나님의 힘을 기다릴 뿐이라는 의미가 있습니다. 생존과 직결되는 밥을 끊고 기도하여 기도 제목이 성취되었다면, 그것은 하나님이 하셨다고 밖에 생각이 들지 않습니다. 그래서 금식하는 것입니다. 온전히 이 일을 그분이 하셨다는 것을 증명하는 것입니다. 동시에 금식은 여러분의 몸으로 여러분은 지금 뭘 하고 있었는지, 체크해 보는 시간이기도

합니다. '나는 나의 몸으로 지금 뭐 하고 있는가?', '나는 나의 몸을 돌보고 있었는가?', '나는 하나님의 가치를 운반하는 이 몸에 적절한 수면을 제공하고 있었는가?', '나는 하나님의 가치를 운반한다고 하는 이 몸에 무엇을 섭취하고 있는가?', '내가 하나님의 가치를 운반하는 몸이라고 했을 때, 내가 통제하는 것이 있기나 한가?'

여러분, 새 차를 사면 그 누구도 근처에 못 오게 합니다. 혹시라도 문콕 당하지는 않았나 주야로 묵상하고 돌아보지 않습니까? 그렇다면 내 몸, 하나님의 가치를 운반하는 내 몸은 얼마나 통제하고 관리하고 계십니까? 나의 식습관, 성관계 모두가 여기에 포함됩니다. 우리 몸은 하나님의 성전입니다.

현대인의성경 고린도전서 6장 12-13절을 보면 "무엇이든지 할 수 있는 자유가 있다고 해서 모든 것이 다 유익한 것은 아닙니다. 나도 무슨 일이든지 마음대로 할 수 있지만 나는 그 어떤 것에도 지배를 받지 않을 것입니다. 음식은 배를 위해 있고 배는 음식을 위해 있습니다. 그러나 하나님은 그 모든 것을 다 없애 버리실 것입니다. 몸은 음란을 위해 있는 것이 아니라 주님을 위해 있는 것이며 주님은 몸을 위해 계십니다"라고 말합니다. 몸과 주님이 한 문장 안에 있습니다. 절대 몸이 하대되거나, 영혼만 강조되지 않습니다. 우리 몸도 주님이 만드셨고, 주님이 일하실 장소가 우리 몸도 되니 귀하게 여기라는 것입니다.

이것과 관련하여, 여러분의 이해를 도울 수 있는 성경에 나오는 도시 중 하나를 소개해 드리겠습니다. 참고로 여러분이 성경을 읽으실 때 성경 속 도시들을 아신다면 성경을 이해하는 데 큰 도움이 됩니다. 한국어를 아무리 잘하는 외국인이라도 전라도와 경상도의 이야기를 아는 사람이라면 그 배경에 관한 이야기를 더 재밌게 이해할 수 있는 것과 같은 이치입니다. 성경 속 도시를 알면 성경 이야기가 훨씬 더 흥미롭게 다가올 것입니다.

고린도는 그리스에 있는 도시입니다. 고린도 사람들은 그리스 철학, 즉 헬레니즘의 영향을 많이 받았습니다. 그리스 철학 중에서 중요한 게 하나 있습니다. 바로 '이원론'입니다. 이원론은 영혼과 육체를 완전히 분리해서 생각하는 사상입니다. 쉽게 말하면 영혼은 좋은 것, 육체는 나쁜 것으로 분리하는 사상입니다. 그런데 당시

이 생각 때문에 두 가지 극단적인 행동이 나타났습니다. 육체가 나쁘다고 생각하니까, 몸을 막 괴롭히는 것입니다. 스스로 채찍질하고, 몸을 힘들게 하면서 '아, 이렇게 해야 경건한 거야!'라고 믿었던 것입니다. 하지만 이것은 성경의 가르침과 맞지 않습니다.

또 하나의 극단적인 생각은 영혼과 육체를 완전히 분리해서 보는 것이었습니다. '영혼이 소중하니까 육체는 뭐 어찌되든 괜찮아!', '정신만 똑바로 차리면 되는 거고, 육체는 그냥 소모품이야. 적당히 쓰다 버리면 되는 거지, 영혼에만 영향을 안 주면 아무 문제 없어' 하는 생각입니다. 고린도 교인들도 아마 그렇게 생각했던 것 같습니다. 그래서 육체로 죄를 지어도 괜찮다고 생각한 겁니다.

그러나 성경은 하나님은 우리의 영혼과 육체를 모두 소중하게 만드셨다고 말합니다. 우리의 몸은 하나님의 성령이 거하시는 성전이라고 말합니다. "너희 몸은 너희가 하나님께로부터 받은 바 너희 가운데 계신 성령의 전인 줄을 알지 못하느냐 너희는 너희 자신의 것이 아니라"(고전 6:19). 영혼만 중요한 게 아니라, 몸도 하나님께서 주신 귀한 선물이라는 것입니다.

　내 몸은 주님이 일하실 귀한 장소입니다. 세상에 하나 밖에 없는 장소, 바로 나의 몸입니다.

그건 건물주가 해 주는 거야

성경을 읽다 보면 각 인물 마다 두드러지는 특징이 있습니다. 요셉 하면 '꿈의 사람', 야곱 하면 '잔머리'가 떠오릅니다. 이처럼, 성경 속 인물들의 이야기를 이해하면, 성경을 이해하는 것이 훨씬 쉽습니다. 야곱을 살펴보겠습니다. 야곱은 자신의 힘으로 삶을 개척한 사람이었습니다. 형 에서를 속이고 도망가야 했으니, 그의 인생은 두려움과 불안으로 가득했습니다. 그러나 하나님께서는 도망자였던 야곱을 고향으로 돌아가게 하셨고, 그의 인생에 복을 주셨습니다. 또한 하나님은 야곱의 이름을 '이스라엘'로 바꾸라고 명령하셨습니다. 재미있는 점이 있습니다. 이사야 43장 1절을 보면, "야곱아 너를 창조하신 여호와께서 지금 말씀하시느니라 이스라엘아 너를 지으신 이가 말씀하시느니라 너는 두려워하지 말라 내가 너를 구속하였고 내가 너를 지명하여 불렀나니 너는 내 것이라"라고 쓰여 있습니다. 여기서 야곱과 이스라엘은 동일 인물입니다. 그런데 하나님께서는 앞에서 야곱이라 부르시고 뒤에서 이스라엘이라고 다시 부르십니다. 마치 두 사람에게 말하는 것처럼 부르고 계십니다. 그리고 두 사람에게 다 "너는 내 것이라"라고 말씀하십니다. 하나님은 왜 이렇게 부르셨을까요?

앞에 나온 야곱은 '과거의 나'입니다. 잔머리로, 불순종하고, 자신의 뜻대로 걸어갔던 때의 내 모습입니다. 우리에게도 이런 때가 있습니다. 아마 나중에 천국에 가면 '하나님, 2020년 5월부터 2021년 3월까지는 잊어 주세요. 부끄러우니까요'라고 고백할지도 모릅니다. 하지만 그때 하나님은 '그때도 너는 내 것이었다'라고 말씀하신다는 것입니다. 나도 용서 못할 그 시절의 나를 향해, 하나님은 '넌 죽어 마땅해'라고 말씀하지 않으시고, '그 당시에도 넌 내 것이었어'라고 말해 주실 것입니다. 혹시 자책하고, 부끄러운 과거 때문에 수시로 가슴 아프신 분이 계십니까? 하나님께 돌아가지 못할 것 같고, 죄를 지워 버릴 수 없을 것만 같은 느낌이 드신 분이 계십니까? 하나님께서 말씀하십니다. '그때도 넌 내 것이었다.'

그럼 뒤에서 나온 이스라엘이라 부르신 것은 무슨 의미입니까? 미래의 나를 의미합니다. '앞으로 잘해 볼게요, 주님.' 우리도 이렇게 결단하면서 하나님 앞에 나아갈 때가 있습니다. '다시는 죄짓지 않을게요.' 하나님은 우리의 연약함을 아십니다. 우리가 입만 살아 있음을 아십니다. 우리가 그렇게 말로 자신 있어 하지만, 반드시 어느 순간에 넘어질 때가 있을 것입니다. 그때도 주님은 우리에게 '여전히 너는 내 것이다'라고 확실히 말씀하신다는 것입니다. 과거의 죄악된 모습에 빠져 있는 나를 향해 '그때도 너는 내 것이었다', 미래의 자신감에 빠져 있는 나를 향해 '여전히 너는 내 것이다'라고 말씀하시는 것입니다. 세상 어디에 이만한 위로가 있습니까? 세상 어디에 이만한 품이 있습니까? 하나님께서는 내 과거를 다 안아 주실 팔과 내 미래를 품어 주실 가슴을 갖고 계십니다. 그리고 '너는 내 것이다.' 이 말을 온몸을 다해 외치고 있는 책이 바로 성경입니다.

여러분, 하나님께서 '너는 내 것'이라고 어느 정도로 강하게 말씀하셨는지 아십니까? 성경에 나오는 '종'이라는 단어를 집중해야 합니다. 우리는 하나님을 주인으로 둔 종입니다. 종은 자신을 주장할 권리가 없습니다. 도망칠 곳도 없습니다. 그런데 동시에 중요한 사실이 하나 더 있습니다. 종은 그 집을 책임지는 사람이 아니라는 겁니다. 책임은 주인이 지는 것입니다. 한마디로, 종은 주인이 시키는 대로 하는 것이고 모든 책임은 주인이 집니다. 그러니 문제가 나에게 닥쳤을 때 우리는 걱정할 필요가 없습니다. 문제를 주인에게 가져가야 함이 맞습니다. '주인님, 저에게 이런 문제가 생겼습니다. 저는 종이니, 시키는 대로만 하겠습니다.' 이렇게 되어야 맞는 겁니다. 여러분이 세입자라고 생각해 봅시다. 집에 문제가 생기면 세입자는 당연히 집주인에게 문제를 이야기할 것입니다. 혹시 잘 몰라서 스스로 처리하려고 하면, 주변 친구들이 뭐라고 말합니까? "왜 그걸 네가 해? 그건 집주인이 해 주는 거야!" 이렇게 말하지 않습니까? 그런데 우리는 문제가 생기면 마치 우리가 주인인 것처럼 그 문제를 내 것이라며 안고서 쓰러집니다. 사실 이것은 우리가 하나님이 되겠다는 것과 같습니다. 교만입니다. 엄밀히 말하면 불법입니다. 종의 역할은 집에 문제가 생기면 주인에게 보고하는 겁니다. 그러고 나서 주인이 시키는 대로만 하면 됩니다. 그때 우리의 삶은 그 누구도 예측할 수 없는 삶을 살게 됩니다. 왜냐하면 주인의 아이디어로 움직이기 때문입니다.

우리가 주인이신 하나님께 문제를 가져간다면 이전과 다를 수밖에 없습니다. 때로는 너무 힘들어서 하나님을 찾지 못할 때도 있습니다. 괜찮습니다. 그때는 하나님께서 우리를 발견하실 것이기 때문입니다. 이전과 달라질 것입니다. 하나님이 나를 발견하시면, 게임 끝나는 것입니다.

여러분, 주인 없는 종처럼 살지 마시기 바랍니다. 자신의 생각에 얽매인 종으로 살지 마십시오. 오늘 참된 주인 되신 하나님을 만나시기 바랍니다. 충성된 종으로 넓고 자유롭게 살아가십시오! 주님이 나를 보고 계심을 잊지 마세요. "주께서 나를 살펴 보셨으므로 나를 아시나이다"(시 139:1).

Message

Remember

당신이라는 씨앗은 지금 어디에 있습니까?
어둡고 축축하다고 느끼시나요?
두려워하지 마십시오.

지금 당신은 하나님 손에 올려진 작은 씨앗입니다.

우리는 여행을 떠날 때 여러 가지를 준비합니다. 일단 장소를 정합니다. 교통편을 체크합니다. 가서 뭐하고 놀까를 고민합니다. 맛집 위주로 여행을 떠난다면 평점은 어떤지 후기를 꼼꼼히 살핍니다. 예약도 합니다. 숙소 주변 시설을 알아 두고, 동선도 숙지합니다. 그뿐입니까? 여행을 위해 집에 가스 밸브를 잠그고, 콘센트도 뽑아 놓고 떠납니다. 그러나 여행에서 가장 중요한 것은 무엇입니까? 바로 누구와 함께 가느냐입니다. 여러분도 경험해 보셨을 겁니다. 아무리 멋진 여행지라도, 불편한 사람과 여행하면, 음식이 어디로 넘어가는지도 모릅니다. 체할 것 같습니다. 집에 가고만 싶습니다. 반면, 가까운 공원에 산책을 가도, 사랑하는 사람과 함께라면 너무나 행복합니다. 그 사람과는 라면을 먹어도, 셰프가 해주는 요리 같습니다. 심지어 음식점 앞에서 긴 웨이팅을 해도 좋습니다. 같이 이야기하는 시간도 너무 좋으니까요. 그 여행은 최고의 추억이 될 것입니다. 인생을 여행에 종종 비유하곤 합니다. 여행과 인생이 비슷한 점이 많아서 그렇습니다. 그런데 놀랍게도 우리는 인생이라는 긴 여행에서는 누구와 함께할지를 신중하게 고민하지 않는 경우가 많습니다. 평소에 여행을 갈 때는 '누구랑 가?', '누가 오기로 했어?'와 같은 질문을 던지며 동행자를 꼼꼼히 따지지만, 정작 인생의 여정에서는 그만큼 신경 쓰지 않곤 합니다. 하지만 인생 여행이야말로 누구와 함께하느냐가 가장 중요합니다. 함께하는 사람이 나의 인생에 어떤 영향을 미칠지, 나를 어떤 방향으로 이끌지를 생각해야 합니다.

성경에서도 이를 분명히 말하고 있습니다. 잠언 13장 20절에서는 이렇게 말합니다. "지혜로운 자와 동행하면 지혜를 얻고 미련한 자와 사귀면 해를 받느니라." 누구와 함께 걷느냐에 따라 여러분의 인생이 완전히 달라질 수 있다는 것입니다. 마가복음 2장에 보면 '누구와 함께' 있는지가 얼마나 중요한지 알 수 있는 사건이 나옵니다. 한 사람이 중풍에 걸렸습니다. 불치병이었죠. 혼자서는 치료자이신 예수님이 계신 곳까지 갈 수도 없었습니다. 그때 중풍병자의 친구들이 등장합니다. 3절에는 "사람들이 한 중풍병자를 네 사람에게 메워 가지고 예수께로

올새"라고 기록되어 있습니다. 이들은 홀로 행동하지 않았고, 4명이 함께 팀을 이루어 중풍병자를 예수께 데려 갔습니다. 사람이 너무 많아 친구를 고칠 수 없게 되자, 지붕을 뚫어 버리고 예수님 앞에 자신들의 친구를 내려 놓습니다. 이어 4절은 "무리들 때문에 예수께 데려갈 수 없으므로 그 계신 곳의 지붕을 뜯어 구멍을 내고 중풍병자가 누운 상을 달아 내리니"라고 말합니다. 이후 예수님의 반응이 어떠했습니까? "그들의 믿음을 보시고 중풍병자에게 이르시되 작은 자야 네 죄 사함을 받았느니라"(5절)라고 말씀하셨습니다. 여기서 주목할 점은 예수님께서 중풍병자가 아닌, 그 친구들의 믿음을 보셨다는 것입니다. 중풍병자는 누구 덕분에 살았습니까? 친구 덕분에 산 것입니다. 그래서 교제권이 중요합니다.

구약을 보세요. 하나님께서 허락해 주신 땅에 정탐꾼을 보냈더니 10명은 불평을, 나머지 2명인 여호수아와 갈렙은 믿음의 말을 했습니다. 결과적으로 여호수아와 갈렙 빼고 나머지는 다 죽었습니다. 여기서 알 수 있는 것은 원망하지 말자도 있지만, 누구와 함께 있냐가 얼마나 중요한지를 보여 주는 사건입니다. 만약 10명의 정탐

꾼 중 1명이 여호수아와 갈렙 쪽으로 넘어와서 같이 다녔다면, 그 사람도 믿음과 긍정의 말을 하는 사람으로 바뀌었을 수도 있습니다. 누구와 같이 있느냐가 인생을 바꿉니다. 죽고 살게도 한다는 것입니다.

이 교훈을 SNS에 적용해 보겠습니다. 나에게 하루에 한마디씩이라도 불신앙의 말을 해 주는 사람을 옆에 둔 사람과 여호수아와 갈렙처럼 긍정의 말, 믿음의 말을 하루에 한마디씩이라도 해 주는 친구를 둔 사람은 절대로 같을 수 없습니다. 그런데 이쯤 되면 이렇게 생각하는 분도 계실 것입니다. '아무리 둘러봐도, 저 혼자예요', '믿음의 친구가 없어요'라고 말하는 사람도 있을 것입니다. 느헤미야의 상황도 비슷했습니다. 그는 예루살렘 성벽을 재건하는 어려운 임무를 맡고 있었습니다. 당시 유다 백성은 주변의 적대 세력으로부터 끊임없이 방해를 받았고, 그들의 사기는 점점 떨어져 갔습니다. 느헤미야는 리더로서 외로움을 느낄 만했습니다. 이렇다 할 교제권이 없는 상황이었습니다. 그때 느헤미야의 행동에 집중해 봅시다. 느헤미야 6장 9절에서 적대자들은 "그들의 손이 피곤하여 역사를 중지하고 이루지 못하리라"라고 협박했습니다. 아무도 주변에 느헤미야를 도울 수 없는 상황에서 느헤미야는 딱 한마디를 합니다. "내 손을 힘있게 하옵소서." 그는 적들 대신 하나님을 상대하기로 했습니다. 우리가 느헤미야에게 배울 점이 여기서 나옵니다. 우리는 종종 너무 많은 시간을 우리를 비판하는 사람들에 대해 생각하는 데 씁니다. 반면에 우리를 부르신 하나님에 대해 생각하는 시간은 적습니다. 아침에는 원수를 묵상, 점심에는 문제를 묵상, 저녁에는 고민을 묵상합니다. 전화해서 친구한테 고난을 공유합니다. 정작 하나님과 마주하는 시간은 적습니다. 교제권이 무너졌습니까? 하나님을 먼저 의지하십시오. 내 손에 힘을 달라고, 간구하십시오. '하나님만이 나의 교제권이십니다'라고 먼저 인정하십시오. 야고보서 4장 8a절은 이렇게 말합니다. "하나님을 가까이하라 그리하면 너희를 가까이하시리라." 또한, 이미 꿈은 세워졌는데, 앞으로 나아가지 못하는 것 같습니까? 여러분의 꿈 주변에는 희망을 주는 사람들도 모여들지만, 비전의 뱀파이어들도 모여듭니다. 여러분의 비전을 쪽쪽 빨아들여 힘을 빼놓으려고 합니다. 그때 우리는 나의 비전을 약하게 만드는 사람들 대신, 비전을 강하게 해 주는 사람들과 함께하겠다고 결심해야 합니다. "철이 철을 날카롭게 하는 것 같이 사람이 그의 친구의 얼굴을 빛나게 하느니라"(잠 27:17). 누가 내 옆에 있냐에 따라, 내 삶은 무딘 칼이 될 수도 있고, 날카로운 검이 될 수도 있습니다.

네? 10kg을 들라고요?

PT를 받는 중이었습니다. 운동을 하는데 5kg 덤벨이 너무 무겁게 느껴졌습니다. 그때 트레이너가 옆에서 "이 제 10kg을 들어 보세요"라고 했습니다. 순간 속으로 생 각했습니다. '헉, 5kg도 힘든데, 10kg을?' 하지만 어쩌겠 습니까? 순종했습니다. 전신의 힘을 짜내 간신히 들어 올렸습니다. 10kg 세트를 마무리하자, 트레이너가 "이 제 5kg을 들어 보세요"라고 말했습니다. 다시 시키는 대 로 했습니다. 그러자 놀라운 일이 일어났습니다! 조금 전까지만 해도 무겁게 느껴졌던 덤벨이 맞나 싶을 정도 로 가볍게 들렸습니다. 그 순간은 단순히 제 근육만 변 한 것이 아니었습니다. 제 생각도 바뀐 순간이었습니다.

신앙도 이와 비슷합니다. 지금 겪고 있는 고난이 너무 무겁게 느껴질 때가 있습니다. 마치 '저는 이것 이상으 로는 못 들어요'라고 생각하던 조금 전의 저처럼 말입니 다. 그런데 그때 더 큰 고난이 닥쳐올 때가 있습니다. '이 걸 해내라고요?' 하나님이 원망스럽습니다. 그때 우리 는 '주님, 이런 식으로 나오시겠다는거죠? 수틀리면 저도 다 생각이 있습니다.' 이런 식으로 하나님을 협박(?)
합니다. 하지만 더 큰 고난을 이겨 내고 나면 어떻습니
까? 이전의 고난이 상대적으로 가볍게 느껴지는 경험을
합니다. 혹시 이러한 순간을 겪고 있는 분이 계십니까?
영적인 PT가 시작된 것입니다. '하나 더! 10kg 더!' 하나
님의 PT가 시작된 것입니다. 그분은 당신을 죽이는 중
이 아니라, 강하게 만드시는 중입니다. 근육 입장에서는
이것이 일종의 고난입니다. 가만히 있는 근육을 늘였다
줄였다 하면서 근육을 찢는 것이기 때문입니다. 그런데
이러한 고난의 과정이 있을 때 몸이 영광을 맛보는 것입
니다. 온전해지는 것입니다. 성경에 이 '고난', '영광', '온
전'이라는 세 단어가 한 문장에 들어가 있는 구절이 있
습니다. 바로 베드로전서 5장 10절입니다. "모든 은혜의
하나님 곧 그리스도 안에서 너희를 부르사 자기의 영원
한 영광에 들어가게 하신 이가 잠깐 고난을 당한 너희를
친히 온전하게 하시며 굳건하게 하시며 강하게 하시며
터를 견고하게 하시리라." 차례대로 보면, 일단 코치가
누구라고 합니까? "모든 은혜의 하나님 곧 그리스도 안
에서 너희를 부르사" 우리를 부르시는 분이 하나님입니

다. 체육관에 나를 죽이려는 트레이너는 없습니다. 나를 강하게 만들려는 사람이 트레이너입니다. 말씀을 이어서 보면, "잠깐 고난을 당한 너희를"이라고 나옵니다. 당시 베드로전서를 읽는 독자들은 아마도 고난에 처해 있었나 봅니다. 실망과 낙심을 하는 상황을 맞이했습니다. 그때 베드로가 그것은 너희들을 죽이는 고난이 아니라고 해석을 해 줍니다. 무려 하나님이 '친히', 천사를 시켜서도 아닙니다. 그분이 직접하셨다는 뜻입니다. 어떻게요? '온전하고, 굳건하고, 강하고, 견고하게' 하시는 중이라고 설명합니다. 이런 위로가 어디 있습니까?

베드로전서가 쓰여질 당시의 이야기를 좀 해 보겠습니다. 네로 황제는 건축에 집착하여 모든 것을 깨끗이 없애고 새로운 것을 세워야 한다고 생각했습니다. 그래서 로마의 많은 건물을 불태웠습니다. 하지만 그 과정에서 로마 시내에 사는 사람들의 집과 그들이 섬기던 우상들까지 불에 타 버렸습니다. 그때 사람들은 의문을 품기 시작했습니다. '로마의 신들이 진짜라면, 왜 그들의 우상이 이렇게 불에 타 없어지는가? 이제 로마를 누가 지켜 주는가?' 분위기는 흉흉해졌고, 네로는 겁에 질렸습니다. 그때 그는 좋은 핑계가 떠올랐습니다. '그래, 이 모든 일이 그리스도인들 때문이라고 하자.' 네로는 그들에게 책임을 돌렸습니다. 이 소문은 본도와 갈라디아 지방까지 퍼졌습니다. 그러자 그리스도인들은 '네로가 우리를 끝장내겠구나, 이제 끝났구나' 하는 두려움에 사로잡혔습니다. 지금 나에게 닥친 고난이 '끝'이라고 생각하는 사람은 절망하게 됩니다. '이제 다 끝이야!'라고 생각하기 때문입니다. 그러나 '내가 지금 보는 것이 마지막은 아니지'라고 믿는 사람은 소망을 가지고 고난을 견딥니다. 그리하여 이에 베드로는 '네로가 끝이 아니다. 하나님이 끝이다'라는 메시지를 전하는, 고난이 곧 닥쳐오지만 믿음으로 준비하라는 편지를 보낸 것입니다. 그것이 베드로전서입니다.

기독교에서 말하는 종말론이 바로 이런 것입니다. 종말론은 신비한 개념이 아닙니다. 종말론은 쉽게 말하면 지금 보고 있는 것이 끝이 아니라고 말해 주는 것입니다. 우리도 이런 상황을 겪을 때가 있지 않습니까? 모든 것이 끝난 것처럼 느껴지고, 더 이상 삶의 무게를 감당할 수 없을 것 같은 순간에 더 큰 무게가 나에게 주어지는 순간이 있습니다. 그러나 중요한 것은 그것이 끝이 아니라는 것입니다. 우리는 매일 자신도 모르게 하고 있는 것이 있습니다. '자기 과소평가'입니다. 하나님의 말씀을 보고 묵상하는 것이 열 번이라면, 우리는 길을 걸으며 '나는 불가능해, 통장을 봐, 이걸로 뭘 할 수 있겠어'라는 생각을 훨씬 더 자주 합니다. 정말, 끊임없이, 이 글을 읽는 순간에도, 자기 자신을 과소평가합니다. 이것은 일종의 습관 같은 것입니다. '이러이러해서 나는 할 수 없어'라는 생각이 그들의 머릿속에 자리 잡고 있는 것입니다. 하지만 저는 이런 생각을 하시는 분들에게 한 가지를 꼭 알려 드리고 싶습니다. 실패의 패턴을 머릿속에 그릴 수 있는 사람이라면, 성공의 패턴도 그릴 수 있습니다. '나는 이러이러해서 할 수 있어'라는 긍정적인 생각도 충분히 머릿속에 자리 잡을 수 있습니다.

우리가 스스로를 과소평가하는 이유는 과거의 경험에서 비롯되는 경우가 많습니다. 예를 들어, 아픔은 무조건 나쁜 것이라는 경험을 했던 사람은 운동 중에 아픔을 느끼면 바로 포기하게 됩니다. 이는 자신의 경험에 갇혀 있는 것이고, 더 나아가 자신의 과거에 묶여 있는 것입니다. 과거에 묶여 있으면 미래를 잡을 수 없습니다. 창세기 12장 1절에서 하나님께서 아브라함에게 하신 말씀의 의미도 이와 같습니다. "여호와께서 아브람에게 이르시되 너는 너의 고향과 친척과 아버지의 집을 떠나 내가 네게 보여 줄 땅으로 가라." 이 말은 그저 '여행을 떠나라'라는 의미가 아닙니다. '네가 과거를 놓지 않으면 미래를 잡을 수 없다'라는 강력한 메시지입니다. 스스로를 과소평가하지 마시기 바랍니다. 하나님께서는 여러분이 10kg을 들 수 있는 사람임을 깨닫기를 원하십니다.

성경에 식물의 비유가 많이 나오는 이유

성경을 읽다 보면 식물의 비유가 여러 곳에서 등장
하는 것을 알게 됩니다. 시편 1편 3절에서는 "그는 시냇
가에 심은 나무가 철을 따라 열매를 맺으며 그 잎사귀
가 마르지 아니함 같으니 그가 하는 모든 일이 다 형통
하리로다"라고 하여 나무, 과실, 잎사귀가 비유로 사용
되었습니다. 또한, 요한복음 15장 5절에서 예수님께서
는 "나는 포도나무요 너희는 가지라 그가 내 안에, 내가
그 안에 거하면 사람이 열매를 많이 맺나니 나를 떠나서
는 너희가 아무것도 할 수 없음이라"라고 말씀하셨습니
다. 예수님께서는 자신을 포도나무로, 우리를 그 가지에
비유하셨습니다. 특히 예수님은 우리를 비유하실 때 식
물을 자주 사용하셨고, 우리를 훈련하실 때도 식물의 성
장 과정에 빗대어 표현하신 경우가 많습니다. 고린도전
서 3장 6-7절에서도 "나는 심었고 아볼로는 물을 주었
으되 오직 하나님께서 자라나게 하셨나니 그런즉 심는
이나 물 주는 이는 아무 것도 아니로되 오직 자라게 하
시는 이는 하나님뿐이니라"라고 말씀하십니다. 하나님

이 우리를 식물의 성장에 비유하신 이유는 무엇일까요? 그 답은 동물들을 보면 금방 알 수 있습니다. 동물들은 태어날 때부터 이미 완성된 모습으로 태어납니다. 성체로 이 땅에 나옵니다. 머리, 팔, 다리 모두 갖추고 있습니다. 하지만 식물은 다릅니다. 씨앗이 땅에 심기면 처음에는 아무것도 보이지 않습니다. 게다가 땅에 묻혀 있습니다. 흙과의 구별이 어려울 정도로 작고 초라합니다. 그리고 흙 속은 어둡습니다. 죽은 것과 같은 느낌이고, 가능성이 느껴지지 않습니다. 그러다가 비가 오면, 물이 덮쳐 옵니다. 습하고, 눅눅하고, 어둡고, 모든 것이 최악인 것 같습니다. 그러나 시간이 지나면 무슨 일이 일어납니까? 조그맣게 새싹을 틔웁니다. 그리고 점점 자라서 결국 땅을 뚫고 흙 위로 올라옵니다. 식물은 처음부터 완성된 것이 아닙니다. 오히려 그 과정 속에서 점차 완성되어 갑니다. 그리고 마침내 아름다운 꽃을 피워 냅니다. 우리의 삶도 마찬가지입니다. 태어날 때부터 모든 것이 완벽하게 갖추어져 있다면 좋겠지만, 현실은 그렇지 않습니다. 우리는 씨앗과 같습니다. 처음에는 아무것도 보이지 않습니다. 그러나 조금씩 자라며 변화해 갑니다.

우리도 식물처럼 자라는 데에 시간이 필요합니다. 즉, 하나님께서는 우리에게 시간을 두고 가꿔 나가시겠다고 말씀하시는 것입니다.

세계에서 가장 큰 나무인 세쿼이아도 처음에는 손톱만한 작은 씨앗에서 시작했습니다. 그리고 그 작은 씨앗이 수백 년 동안 자라나 높이 100m가 넘는 거목이 된 것입니다. 씨앗만 보았을 때, 이 씨앗이 얼마나 커질지 그 누구도 상상하지 못합니다. 이때, 씨앗이 어디 있는지가 중요합니다. 아스팔트라면 죽을 것이고, 깨끗이 치워진 내 방 한가운데라도 죽을 것입니다. 식물에게는 자라기에 마땅한 곳이 있습니다. 당신이라는 씨앗은 지금 어디에 있습니까? 어둡고 축축하다고 느끼시나요? 두려워하지 마십시오. 지금 당신은 하나님 손에 올려진 작은 씨앗입니다.

하나님을 믿는 자는 하나님이 일하시는 타이밍도 인정하는 사람입니다. 이것은 상식입니다. 숙련된 장인이 일을 할 때 우리는 그의 방식을 믿습니다. 그가 일하는 스타일, 그가 일하는 데 걸리는 시간의 양을 다 인정합니다. 마찬가지로 우리가 하나님을 믿는다고 한다면 하나님의 방식 전부를 믿어야 합니다. 시간의 길이까지도 말입니다. 사람은 두 종류가 있습니다. 하나님의 일하심을 인정하는 사람과 자신의 일하는 방식을 하나님께 강요하는 사람이 있습니다. 성경에 이를 잘 비교할 수 있는 사람들이 나옵니다. 바로 사울과 다윗입니다. 둘 다 왕이었습니다. 그런데 그들 인생의 결과는 너무나 달랐습니다. 그 이유 중에 하나는, 사울은 광야를 통과하지 않았고, 다윗은 광야를 겪었다는 점입니다. 광야는 인내가 요구되는 장소입니다. 그 인내가 다윗을 강하게 만든 것입니다. 작은 소년이 자신보다 큰 이스라엘을 보호하는 사람이 되었습니다. 그런 의미로 인내는 힘입니다. 마치 씨앗에서 자란 나무의 뿌리가 산사태를 막아 주는 것처럼, 인내는 우리의 인생 속에서 일어나는 위기를 막아 주는 강력한 힘입니다. 뿌리가 무성해지기까지의 시간은 쉽지 않은 기간입니다. 뿌리 입장에서는 아픈 것이 당연합니다. 바위에 나무 뿌리가 부딪히면서 길을 찾아가는 과정이니 얼마나 아프겠습니까. 그러나 그 인내를 참아 내면, 어떤 폭풍 앞에서도 흔들리지 않는 뿌리를 가진 힘 있는 나무가 됩니다. 그러나 인내라는 뿌리가 없으면 환경이라는 산사태에 무너집니다.

사울이 그랬습니다. 사무엘상 13장을 보면, 사울은 전쟁을 앞두고 불안해했습니다. 선지자 사무엘이 와서 제사를 드릴 때까지 기다리라고 했지만, 그가 나타나지 않자 조급해졌습니다. 결국 사울은 사무엘을 기다리지 않고 자신이 직접 제사를 드렸습니다. 그러나 이것은 하나님이 금지하신 일이었습니다. 참 재미있는 건 사울이 제사를 드리자마자 사무엘이 그곳에 도착했다는 것입니다. 이러한 사울에게 사무엘은 하나님의 명령을 어긴 것을 책망하며, 그로 인해 사울의 왕위가 오래 가지 못할 것이라고 말했습니다. 사울의 성급함과 불순종이 그의 몰락을 불러온 사건입니다. 이 사건이 의미하는 바는 무엇일까요? 사울은 단순히 참지 못한 것이 아니라 사울 마음의 뿌리에 하나님의 일하심을 믿지 못함이 있었다는 것입니다.

지금 인내하고 계십니까? 그렇다면 최소한 당신은 사울보다는 나은 사람입니다. 인내의 시간은 하나님이 뿌리를 깊게 내리게 하시는 과정이라는 사실을 잊지 마시기 바랍니다. 우리가 보통 '하나님의 은혜'라고 말하는 그 은혜는 대부분 하나님의 인내입니다. 죄악 투성이인 나를 보고 참아 주시고, 져 주시고, 사랑해 주시는 인내의 은혜입니다. 하나님의 인내가 나를 살렸습니다. 만약 그분의 참음이 없었다면, 그분이 나에게 져 주지 않고 이기려고 하셨다면, 그분이 나를 원수로 선포하고, 전쟁을 걸어오셨다면, 우리는 살 수 없을 것입니다. 하나님의 인내는 나에게 은혜입니다. 그리고 지금 하나님 안에서 겪는 고난 속의 인내는 나를 더욱 강하게 만드는 또하나의 은혜로 남을 것입니다.

늘 담판지으려는 친구는 부담스럽다

기도가 어색하다는 사람들이 있습니다. '하나님, 1년 만이네요. 그동안 어떻게 지내셨어요?' 이런 식으로 기도하는 경우입니다. 이런 사람들의 특징은 큰 문제만 가지고 기도하려 합니다. 그때 담판을 지으려고 합니다. 스스로도 하나님께 미안하다는 걸 알기에 기도할 때 먼저 몸 둘 바를 모릅니다. 일상에서도 마찬가지입니다. 부탁할 것이 있는데, 평소에는 연락도 없다가 급한 일이 터질 때만 연락하는 친구가 있습니다. 나도 어색하고, 상대방도 어색할 겁니다. '무슨 말을 꺼내야 하나' 고민되기 때문입니다. 그렇게 설령 대화로 문제가 해결이 된다 하더라도, 그 사람과 다시 교제하기란 쉽지 않습니다. 그 어색한 분위기가 떠올라 만남이 꺼려지고, 나중에 또 부탁할 일이 생겨야만 그 사람을 다시 찾아가는 악순환이 반복되기 때문입니다. 문제는 기도 생활도 이렇게 하는 사람이 많다는 것입니다.

시편 25편 14절을 보면 하나님과 친밀한 자들의 특징이 나옵니다. "여호와의 친밀하심이 그를 경외하는 자들에게 있음이여 그의 언약을 그들에게 보이시리로다."
하나님을 경외하는 자들은 하나님과 친밀합니다. 친밀
의 밀을 한자로 보면, '密'(빽빽할 밀)입니다. 한자를 뜯어
살펴보면, 한 지붕(宀) 아래 둘 사이에 마음(心)이 빽빽하
게 있으면 산(山)도 그 아래 있다는 뜻입니다. 그런데 악
한 마귀는 우리가 하나님과 친밀해지지 못하게 만듭니
다. 그래서 오히려 산이 우리의 마음을 짓누르게 만듭니
다. 그러나 잊지 마세요. 우리 위에 있는 것은 인생의 산
과 같은 문제가 아니라, 하나님의 손입니다. 그 손은 빽
빽하게 우리와 맞닿아 있으며, 공기조차 그 사이에 들어
갈 수 없을 정도로 가깝습니다. 이를 잘 표현한 성경 구
절이 예레미야 18장 6절입니다. "여호와의 말씀이니라
이스라엘 족속아 이 토기장이가 하는 것 같이 내가 능
히 너희에게 행하지 못하겠느냐 이스라엘 족속아 진흙
이 토기장이의 손에 있음 같이 너희가 내 손에 있느니
라." 하나님은 토기장이와 흙의 관계를 통해 하나님과
우리 사이의 친밀함을 보여 주십니다. 토기장이가 흙을
빚어 그릇을 만드는 과정에서 흙이 토기장이의 손에서
떠나지 않고 밀착되어 있어야만 원하는 모양으로 만들

어질 수 있습니다. 만약 흙이 그 손에서 벗어나려 한다면 제대로 빚어질 수 없습니다. 그러나 흙이 자신을 온전히 토기장이에게 맡긴다면, 멋진 도자기로 탄생할 것입니다. 여기저기 사람 발에 치이는 흙이 토기장이의 손을 통해 작품으로 빚어집니다. 이는 우리에게도 희망의 소식입니다.

창세기 2장 7절을 보면, 하나님이 인간을 흙으로 만드신 장면이 나옵니다. "여호와 하나님이 땅의 흙으로 사람을 지으시고 생기를 그 코에 불어넣으시니 사람이 생령이 되니라." 흙이라는 가장 흔한 물질로 아름다운 인간을 만드셨습니다. 재료가 좋았던 것이 아닙니다. 하나님은 흙으로 아름다운 인간을 만드셨습니다. 그런 분에게 무엇이 불가능하겠습니까? 나에게 이 사실을 적용해 보시기 바랍니다. 내 상황이 지금 흙처럼 부서졌습니까? 하찮아졌습니까? 부도가 났습니까? 집이 박살 났습니까? 진짜 흙먼지와 같은 사람이 되었습니까? 그렇다면 가장 성경적인(?) 상태가 된 겁니다. 이제 그 흙을 맡기는 일만 남은 것입니다. 우주 최고의 토기장이이신 하나님께 말입니다.

하나님과의 친밀함을 위해 제가 자주 쓰는 방법이 있습니다. 지하철을 타고 있을 때, 이렇게 묻습니다. '하나님, 지금 이 순간에 홍대입구역을 지나는 저를 위해 어떤 기도를 하고 계십니까?' 신호등에서 차를 기다리고 있을 때, 버스 카드를 찍고 있을 때도 똑같이 하나님께 물어봅니다. '하나님, 지금 버스를 타고 있는 저를 위해 어떤 기도를 하고 계십니까?' 제가 이렇게 하는 이유는 로마서 8장 34절에 이렇게 나와 있기 때문입니다. "누가 정죄하리요 죽으실 뿐 아니라 다시 살아나신 이는 그리스도 예수시니 그는 하나님 우편에 계신 자요 우리를 위하여 간구하시는 자시니라." 또한 로마서 8장 26절은 말합니다. "이와 같이 성령도 우리의 연약함을 도우시나니 우리는 마땅히 기도할 바를 알지 못하나 오직 성령이 말할 수 없는 탄식으로 우리를 위하여 친히 간구하시느니라." 와우! 예수님께서 나를 위해 기도하고 계신다는 것입니다. 성령님이 나를 위해 친히 간구하신다는 것입니다. 그렇게 그분이 나를 위해 쉬지 않고 기도하고 계시기에 언제나 저는 하나님께 묻곤 합니다. 그렇게 묻다 보면 기도의 방향이 바뀜도 경험합니다. '하나님, 저는 지금 제 직장을 놓고 기도하고 있는데, 주님은 저를 위해 어떤 기도를 하고 계십니까?' 하나님은 '아니, 찬열아, 나는 네가 잊고 있었던 오래 전에 기도 제목을 놓고 기도하고 있단다'라고 말씀하실 때도 있습니다. 그때 우리 기도의 범위는 확장됩니다. 하나님과의 친밀함이 더해짐은 물론입니다.

여러분도 지금 한번 물어보시기 바랍니다. '주님, 이 책을 읽고 있는 저를 위해 어떤 기도를 하고 계십니까?' 하나님께 물어보십시오. 하나님은 여러분을 위해 쉬지 않고 기도하고 계시니까요.

다이어트에 실패하는 이유

어떤 사람이 다이어트를 합니다. 안 하던 운동도 하고, 다이어트에 도움이 되는 영양제도 먹습니다. 그런데 만약, 이 사람이 낮에는 그렇게 열심히 노력하고, 밤에 치킨을 시킨다면? 탄산음료를 끊지 않고 있다면? 그 다이어트는 실패입니다. 다이어트는 뭘 먹느냐가 중요한 것이 아니라, 무엇을 포기했느냐에서 결정이 나기 때문입니다. 다이어트에 성공한 사람은 조금 더 편안한 것을 포기한 사람들입니다. 배불렀을 때 누워 있는 것을 포기한 사람들입니다.

변화란 무엇인가요? 포기입니다. 포기한 것이 없다면 변화도 없습니다. 가정의 변화를 원하나요? '이기심'을 포기한 아빠만이 그 변화를 맛볼 수 있습니다. 비전의 변화를 원합니까? '남과 비교하는 것'을 포기한 사람만이 맛볼 수 있습니다. 하늘을 날기 원합니까? '땅에 있는 것'을 포기해야 합니다. 비행기를 발명한 라이트 형제는 '하늘을 날고 싶어 하는 것' 이전에 '땅에 계속 있기'를 포기했습니다. 변하고 싶으십니까? 그것을 위해서 나는

'무엇을 포기했는가'를 먼저 물어보시기 바랍니다.

성경 속 축복의 사람을 생각하면 가장 먼저 떠오르는 인물은 아브라함입니다. 아브라함이 하나님께 받은 축복의 내용은 무엇이었습니까? 하나님이 아브라함에게 명령하십니다. "여호와께서 아브람에게 이르시되 너는 너의 고향과 친척과 아버지의 집을 떠나 내가 네게 보여 줄 땅으로 가라"(창 12:1), "이에 아브람이 여호와의 말씀을 따라갔고"(창 12:4a). 아브라함은 그 땅에 있기를 포기했습니다. 포기가 축복이었습니다. 우리는 포기라는 단어를 부정적인 단어로 연상합니다. 그러나 포기하는 자가 하나님이 예비하신 것을 경험합니다. 다윗이 뛰어난 이유는 골리앗을 쓰러뜨려서가 아닙니다. 이스라엘을 전쟁에서 이기게 해서도 아닙니다. 그가 위대한 이유는 사실 '포기'에 있습니다. 성전을 지을 수 있음에도 불구하고, 하나님이 원치 않으시자 그 뜻에 순종했습니다(대상 28:3). 그리고 다윗이 얻은 것은 바로 이것입니다. "내가 이새의 아들 다윗을 만나니 내 마음에 맞는 사람이라 내 뜻을 다 이루리라"(행 13:22b). 다윗은 하나님의 마음을 얻었습니다. 예수님은 어떠셨습니까? "그는 근본 하나님의 본체시나 하나님과 동등 됨을 취할 것으로 여기지 아니하시고 오히려 자기를 비워 종의 형체를 가지사 사람들과 같이 되셨고 사람의 모양으로 나타나사 자기를 낮추시고 죽기까지 복종하셨으니 곧 십자가에 죽으심이라… 모든 무릎을 예수의 이름에 꿇게 하시고 모든 입으로 예수 그리스도를 주라 시인하여 하나님 아버지께 영광을 돌리게 하셨느니라"(빌 2:6-8, 10b-11). 하늘에 앉아 계심을 포기하셨습니다. 그리고 온 세상을 얻으셨습니다. 포기하기가 어려운 이유는 손해 보는 것 같은 마음 때문입니다. '내가 교회 다녔더니 술도 못 마셔, 담배도 못 피워, 뭐도 못 해, 뭐도 못 해' 이 생각이 점점 커지는 것입니다. '못 하게 하는 교회', '하지 말아야 할 게 많은 크리스천', '나는 얽매였어', '붙잡혔어' 불만과 불평도 함께 커집니다. 그러나 우리가 집중해야 하는 건 내가 포기한 것이 아닌 하나님으로부터 얻은 것에 집중하는 것입니다. 예수님을 통해 내가 얻은 생명과 새로운 미래를 생각하는 것입니다.

노크교회는 꿈이 있습니다. 성도들이 예수님을 닮아가는 것입니다. 원래 노크교회의 소그룹 모임은 주일에만 이루어졌습니다. 주일 예배 후 곧바로 그 자리에서 예배의 은혜를 나누는 방식이었습니다. 그러나 가만히 보니 주일날 교회에 나온 김에 예배와 소그룹 모임을 모두 한꺼번에 끝내려는 성도들이 있었습니다. 이는 노크가 지향하는 방향과 맞지 않았습니다. 우리는 성도들이 주일뿐만 아니라 평일에도 예수님을 닮아 가길 원했습니다. 저는 주일에 돌아가며 한 사람씩 발표하는 방식만으로는 성도들이 예수님을 제대로 닮아 가고 있는 것인지 확신하기가 어려웠습니다. 그래서 우리는 소그룹 모임을 평일로 옮기기로 했습니다. 신청 방식도 자발적으로 변경했습니다. 강제로 성도들을 소그룹에 넣지 않았습니다. 차라리 어느 소그룹으로 가라고 지정해 달라는 요청도 있었습니다. 하지만 그렇게 하지 않았습니다. 그랬더니 스스로 결정을 안 해 본 사람들은 더 괴로워했습니다. 저는 성도들이 스스로 결단하게 하고 싶었습니다. 그리고 소그룹의 기쁨을 맛본 사람들이 자연스럽게 다른 사람들에게 그 기쁨을 나눔으로써 모두가 자발적으로 참여하고 싶어지게끔 만들고자 했습니다. 마치 맛집이 소문나듯이 말입니다. 2년이 지난 지금, 자발적으로 기쁨으로 참여하는 평일 소그룹 모임이 성도들의 일상까지도 변화시키고 있습니다. 주일에는 자신이 속한 소그룹이 아닌 여러 사람들과 자유롭게 교제하면서 더욱 풍성한 교제가 이루어지고 있습니다. 우리는 기존 방식을 포기함으로써 변화를 맛보았습니다.

노크교회의 최종 목표는 교회에서 소그룹이 모이는 것이 아닌, 각 지역에서 소그룹들이 평일에 모임을 가지는 것입니다. 그렇게 해야 성도들이 자신들의 친구들을 더 쉽게 공동체로 초대할 수 있기 때문입니다. 우리는 이 모임이 전 세계로 퍼지기를 원합니다. 현재 노크교회는 선유로에 위치해 있지만, 곧 노크 잠실, 노크 부천, 노크 대전, 노크 광주, 노크 시카고, 노크 런던이 세워질 날을 기대하고 있습니다. 우리는 계속 포기할 것입니다. 예수님께 더 많은 사람을 가까이 데려오기 위해서 말입니다.

당신이 실패해도 괜찮은 성경적 이유

우리가 살아가면서 가장 힘든 순간이 언제라고 생각하십니까? 바로 내가 실패했다고 느끼는 그 순간입니다. 내가 계획한 대로 되지 않고, 예상치 못한 결과가 나왔을 때입니다. 그때 참 힘들어집니다. 그렇다고 하나님을 미워하거나 의심하게 되는 건 아닙니다. 문제는 우리의 생각입니다. '어? 이 상황까지 가면 안 되는데?'라고 생각했는데 그 상황이 정말 내 눈앞에 딱 펼쳐질 때, 실망하게 됩니다. 특히 완벽주의 성향을 가진 사람들이 이 부분에 예민합니다. 실패하면 안 된다고 생각합니다. 왜 그런지 아십니까? 그 이유는 바로 자신의 완벽주의라는 환상이 깨지기 때문입니다. 완벽해야 한다고 믿어 왔던 내가 어느 순간 완벽하지 못하다는 걸 알게 되었을 때 좌절하게 되는 것입니다. 그래서 완벽주의자들이 의외로 아무것도 하지 않는 것을 선택하기도 합니다. 자신의 완벽주의를 지키고 싶기 때문입니다. 그런데 이러한 완벽주의 성향은 일반적인 사람에게도 있습니다. 내 뜻대로 안 되었으니 실패라고 생각하는 마음입니다. 여러분,

본인이 실패했다고 느끼면 실패라고 불러도 되는 것입니까?

예레미야 18장에 이런 얘기가 나옵니다. 토기장이가 진흙으로 토기를 만들다가 토기가 터집니다. 4a절은 이렇게 말하고 있습니다. "진흙으로 만든 그릇이 토기장이의 손에서 터지매." 그릇이 터졌으니 실패라고 봐도 무방한 상황입니다. 하지만 진흙이 어디서 터졌다고 나옵니까? 바로 토기장이의 손입니다. 하나님의 손에서 터졌습니다. 하나님의 손에서 터진 실패는 실패가 아닙니다. 4b절을 이렇게 말합니다. "그가 그것으로 자기 의견에 좋은 대로 다른 그릇을 만들더라." 터진 그릇을 버리지 않았습니다. 묵사발된 진흙 그릇은 상품성이 사라진 것입니다. 그 쓸모를 잃었습니다. 그런데 그것을 들어서 토기장이가 다른 그릇으로 만들었습니다. 토기장이가 포기했습니까? 아닙니다. 이것은 우리의 이야기입니다.

여러분, 왜 먼저 포기하십니까? 왜 먼저 하나님의 손에서 내려가고자 합니까? 일반적으로 우리는 실패를 경험하면, 진흙인 우리가 먼저 토기장이 손에서 내려갑니다. '저 실패죠? 아쉽네요' 하면서 말입니다. 하지만 하나님은 포기하지 않으시고 오히려 내 실패를 들어서 자신의 의견에 좋은 대로 다른 것으로 만드십니다. 살다 보면 가끔 이런 걱정을 하곤 합니다. '주님이 나를 포기하시면 어떡하지?', '내가 다른 사람들과 똑같아지면 어떡하지?' 여러분, 하나님은 우리를 직접 만드셨습니다. 천사한테 시키신 것도 아니고, 천지의 창조자이신 하나님께서 직접 만드셨음을 기억해야 합니다. 그리고 말씀의 한 부분을 또 살펴봅시다. "다른 그릇을 만들더라"라는 말은 무슨 뜻입니까? 하나님은 우리를 공장에서 찍어 낸 것처럼 똑같이 만들지 않으시고, 한 사람 한 사람을 특별하게, 하나님 안에서 각자의 개성대로 빚으신다는 뜻입니다. 실패라고 느끼는 나의 감정을 믿지 마세요. '느낌'과 '사실'은 다릅니다. 하나님의 인도하심은 내 느낌하고 상관이 없습니다.

마가복음 11장 24절은 이렇게 말합니다. "그러므로 내가 너희에게 말하노니 무엇이든지 기도하고 구하는 것은 받은 줄로 믿으라 그리하면 너희에게 그대로 되리라." 예수님의 이름으로 구한 것은 너의 느낌과 관계 없이 하나님이 다 주신다는 것입니다. 만약 여러분이 집을 샀다고 생각해 봅시다. 그런데 다음 날 아침에 일어났는데, 도저히 믿기지가 않습니다. 느낌이 안 오는 겁니다. 그러면 어제 산 집이 없어지는 것입니까? 그때 우리는 어떻게 합니까? 계약서를 다시 꺼내 봅니다. 그리고 흐뭇해합니다. 계약서는 '사실'입니다. 그래서 확신합니다. '느낌'은 사실 다음입니다. 느낌하고 사실은 관계가 없습니다. 그럼에도 많은 청년이 자기 느낌으로 신앙생활하는 것을 봅니다. 왜 그렇습니까? 계약서를 보지 않기 때문입니다. 우리의 계약서는 성경입니다. 우리를 향한 하나님의 계약서입니다. 가장 선한 분의 영원한 약속이라는 것입니다. 우리는 매번 계약서를 안 보고 자기 느낌으로 하루를 시작합니다. 왜냐하면 느낌이 편하고 쉽기 때문입니다. 그러나 그것으로는 우리에게 주신 선물을 제대로 누릴 수가 없습니다. 그러므로 우리가 살아야 하는 모습은 하나님께서 우리에게 주신 약속인 성경을 붙들고 행동하는 것입니다.

부정적인 생각이 들 때, 그 자리를 긍정적인 생각으로 바꾸어 보시길 바랍니다. '나는 이러이러해서 안 돼'라고 말하는 대신, '주님이 약속하셨으니 나는 해낼 수 있어!'라고 외치시기 바랍니다. 하나님이 주신 능력과 기회를 믿으세요. 사실이 느낌보다 강합니다.

Message

5.

Church

지칠 때 포기하지 마십시오.
문제가 너무 크다고 느낄 때,
그때가 팀을 만들 때입니다.

간절히 원했던 일이 마침내 이루어졌는데, 두려웠던 적이 있으십니까? 저에게는 그런 일이 있었습니다. 모든 목사님의 소원은 교회의 부흥일 것입니다. 2024년 10월 현재까지 우리 교회는 무려 54주 내내 연속으로 새신자가 찾아오고 있습니다. 정말 놀랍고 감사한 일입니다. 제가 원했고, 우리 교회가 기도했던 제목입니다. 이러한 일이 일어나기 시작한 그때로 거슬러 올라가 보겠습니다.

때는 2023년 크리스마스 아침이었습니다. 예배 시작 10분 전, 저는 잠시 2층 화장실에 들렀습니다. 노크교회 메인 예배홀은 지하에 있었기에 저는 1층을 거쳐 지하로 내려가야 했습니다. 제가 화장실을 나와 1층으로 내려가려고 첫 발자국을 떼는 순간, 1층 출입문으로 낯선 얼굴이 들어왔습니다. 한 명의 새신자였습니다. 순간 두려움이 밀려 왔습니다. 왜냐하면, 사람 한 명이 교회 안으로 들어온 것이 아니라, 그의 인생 전체가 들어온 것으로 느껴졌기 때문입니다. 그의 가족, 그의 미래, 그의 삶 전부가 교회 안으로 들어오는 것처럼 느껴졌습니다. '주님, 저는 그대로인데, 저는 발전하지 않았는데 계속 저에게 맡기시네요'라는 마음이 들었습니다. 이 마음이 들자 저도 모르게 키즈 워십 예배실이 있는 2층으로 도망쳤습니다. 2층 문을 열고 들어가니, 키즈 워십 선생님들이 예배 준비에 한창이었습니다. 그중 한 선생님이 저를 보고 놀란 얼굴로 물었습니다. "목사님, 예배 10분 전인데 여기 왜 오셨어요?" 저도 당황스러워 솔직하게 말했습니다. "새신자를 보고 도망쳤습니다." 그러자 그 선생님이 웃으면서 "무서우셨나 봐요. 물 드릴까요? 커피 드릴까요?"라고 장난스럽게 저를 놀렸습니다. 그 순간 문득 주위를 둘러보니, 모든 선생님이 시야에 들어왔습니다. 자신의 역할에 집중하며 아이들을 돌보고 있는 모습이었습니다. 그때 크게 깨달았습니다. '나는 혼자가 아니구나. 함께 싸우는 자들이 여기 있구나.' 안심이 되었습니다. 마음을 잡고 서둘러 지하 예배실로 내려갔습니다. 2층으로 도망친 제 이야기를 알 리가 없는 찬양팀 역시, 키즈 워십 선생님들처럼 마지막 확인을 하며 강단에 오를 준비를 하고 있었습니다. 그들을 보니 또 한

번 마음이 뜨거워졌습니다. '정말로 나는 혼자가 아니구나.' 제 마음 속 갑자기 찾아온 두려움을을 쫓아냈던 것은 '함께'라는 힘이었습니다. 공교롭게도 그날 설교 제목은 〈크리스천이 외로움을 극복하는 법〉이었습니다. 하나님은 그날, 외로움을 이기는 법을 직접 가르쳐 주셨습니다. 그 답은 간단했습니다. '우리는 함께다.'

출애굽기를 보면, 모세는 이스라엘 백성 200만 명을 이끌며 돌보고 있었습니다. 너무 좋은 일이죠. 그런데 그의 장인 이드로가 와서 그를 보고 뭐라고 말했는지 아십니까? "네가 하는 것이 옳지 못하도다 너와 또 너와 함께 한 이 백성이 필경 기력이 쇠하리니 이 일이 네게 너무 중함이라 네가 혼자 할 수 없으리라"(출 18:17b-18). 옳지 못하다고 말합니다. 하나님의 일을 하고 있는 데도 말입니다. 그런데 이드로가 옳지 못하다고 말하는 이유는 '네가 곧 지칠 것이다'였습니다. 지치는 것을 뻔히 알고도 계속하는 것은, 하나님이 원하시는 그림이 아니라는 것입니다. 한마디로 이드로는 모세에게 '이 일은 너보다 크다'라는 것을 말해 주고 있는 것입니다. 진정한 협력은 '내 앞에 놓인 일이 나보다 큽니다'라는 스스로의 인정에서부터 시작됩니다. 그때부터 답이 보이기 시작합니다. 이드로의 답은 간단했습니다. '리더를 세우라!' 그것이 모세가 리더가 되는 첫 번째 단계였습니다.

"너는 또 온 백성 가운데서 능력 있는 사람들 곧 하나님을 두려워하며 진실하며 불의한 이익을 미워하는 자를 살펴 백성 위에 세워 천부장과 백부장과 오십부장과 십부장을 삼아 그들이 때를 따라 백성을 재판하게 하라 큰 일은 모두 네게 가져갈 것이요 작은 일은 모두 그들이 스스로 재판할 것이니 그리하면 그들이 너와 함께 담당할 것인즉 일이 네게 쉬우리라"(출 18:21-22). 하나님께서 맡기신 일이 크다고 느끼십니까? 이것은 팀을 만들라는 신호입니다. 혼자 감당하려 하지 말고, 사람을 세워 함께 나아가십시오. 전도서 4장 9-10절은 말합니다. "두 사람이 한 사람보다 나음은 그들이 수고함으로 좋은 상을 얻을 것임이라 혹시 그들이 넘어지면 하나가 그 동무를 붙들어 일으키려니와 홀로 있어 넘어지고 붙들어 일으킬 자가 없는 자에게는 화가 있으리라." 함께하는 것이 힘입니다. 그런데 여기서 끝이 아닙니다. 단지 함께 있는 것만으로는 목적을 달성할 수는 없습니다. 성경은 이 점을 너무도 이해하기 쉽게 비유하고 있습니다.

에베소서 4장 15-16절은 말합니다. "오직 사랑 안에서 참된 것을 하여 범사에 그에게까지 자랄지라 그는 머리니 곧 그리스도라 그에게서 온 몸이 각 마디를 통하여 도움을 받음으로 연결되고 결합되어 각 지체의 분량대로 역사하여 그 몸을 자라게 하며 사랑 안에서 스스로 세우느니라." 예수님은 교회의 머리되십니다. 우리는 그의 몸입니다. 그런데 여러분 그거 아십니까? 생선의 머리를 잘라도, 그 생선의 몸통은 한동안 움직입니다. 하지만 그것을 보고 우리가 '연결되었다', '살아 있다'라고 표현하지 않습니다. 교회도 마찬가지입니다. 단지 이러한 머리 잘린 생선 같은 움직임만 있는 교회가 되지 않기를 바랍니다. 움직인다고 안주하지 마세요. 머리와 연결되었는지를 확인하세요. 머리이신 예수님과 연결될 때만 목적 있는 움직임이 나옵니다. 혈액이 머리와 온몸을 돌고, 한 머리에서 나오는 명령으로 같은 심박수에 모두가 함께 움직이는 것이야말로 '하나 됨'입니다.

현재 노크교회의 심장은 '팀'입니다. 머리이신 예수님으로부터 명령을 받아 그들은 움직입니다. 노크교회는 처음부터 이렇게 크지 않았습니다. 하지만 지금은 수많은 리더와 함께 이 사역을 이루어 가고 있습니다. 지칠 때 포기하지 마십시오. 문제가 너무 크다고 느낄 때, 그때가 팀을 만들 때입니다.

하나님의 키친

교회 안에서 '서운함'을 자주 느끼는 사람이 있습니다. 보통 주된 이유는 '나는 왜 그렇게 대해 주지 않느냐'입니다. 일리는 있습니다. 교회 안에서 사랑받고 존중받고 싶어 하는 건 당연한 감정입니다. 이 마음은 교회를 처음 방문한 사람의 경우 생기곤 합니다. 하지만 섬기는 자리에 있는 사람들에게는 상황이 다릅니다. 혹시 교회에서 섬기는 자리에 계십니까? 여러분은 대접받으러 온 사람들이 아닙니다. 섬기러 온 사람들입니다. 교회는 하나님의 말씀을 먹기 위해 오는 곳입니다. 마치 영적인 음식점과 같습니다. 예수님께서 베드로에게 "내 양을 먹이라"(요 21:17b)라고 하셨을 때, 그 의미는 하나님의 말씀을 전하라는 것이었습니다. 우리가 매주 교회에 모이는 이유는 바로 하나님의 말씀을 먹기 위해서입니다. 우리는 사람들을 위해 매주 말씀의 테이블을 차리는 것입니다. 사람들이 일주일간 다른 것 먹고, 다른 것 마시다가, 제대로 된 것을 먹으러 오는 날입니다. 여러분이 시간 내어 음식점에 갔는데, 종업원이 '나를 대접하라'

라고 그러면 '별 미친 놈 다 보겠네' 생각하지 않겠습니까? 그런 가게는 존재하지도 않고, 있다 해도 다시는 안 갈 겁니다. 교회도 마찬가지입니다. 교회에서도 그런 모습으로 새신자를 맞이한다면, 말씀이 아무리 좋아도 불친절해서 다음에는 다시 오지 않을 것입니다. 섬기는 자리에 있습니까? 우리는 하나님의 주방에 있는 자들임을 기억해야 합니다. 주방이 바쁜 가게가 좋은 겁니다. 그리고 그 주방에서는 누구도 '왜 나를 섬기지 않냐'고 입이 삐죽 나와 있지 않습니다. 우리는 하나님의 주방에 있는 팀입니다.

성경은 팀에 대한 이야기로 가득 차 있습니다. 창세기에는 첫 번째 팀이 등장합니다. 바로 아담과 하와입니다. 인류 최초의 팀인 아담과 하와는 내가 남에게 무엇을 먹일지 고민하기보다는, 자기들이 왜 저 과일은 내가 못 먹느냐, 서운하다며 불평했습니다. 그때 그들은 실패한 팀이 되었습니다. 반면에 제자들은 성령을 받고 사람들을 먹이러 이리저리 뛰어다녔습니다. 그리고 그들은 성공한 팀이 되었습니다. "그들이 날마다 성전에 있든지 집에 있든지 예수는 그리스도라고 가르치기와 전도

하기를 그치지 아니하니라"(행 5:42). 사복음서의 제자들과 사도행전의 제자들은 달랐습니다. 사복음서의 제자들은 서로 자기가 먹으려고 했습니다. 그러나 성령을 받은 사도행전에서의 제자들은 남을 먹이려 했습니다. 그들이 누군가를 먹이려고 할 때 하나님이 주신 힘을 발휘했습니다. 예수님께서 우리에게 부탁하신 "내 양을 먹이라"라는 명령은 우리가 하나님의 주방에서 음식을 준비하는 사람임을 상기시킵니다. 여기서 성경의 성장 법칙이 등장합니다.

요즘 SNS를 보면, 자기계발 팁을 쉽게 발견할 수 있습니다. 대부분이 수직적인 자기 성장입니다. 그러나 성경은 독특한 성장 법칙을 말합니다. 사람의 성장은 남을 섬길 때 이루어진다는 것입니다. 예를 들어 봅시다. 혼자서 짜장면을 맛있게 만들어 보고자 합니다. 처음에는 1~2인분을 끓이고, 그 정도의 만족을 느낄 수 있습니다. 그런데 그 순간, 성장은 멈춥니다. 왜냐하면 맛이 이 정도면 충분하다고 느끼는 순간 더 이상 도전할 목표가 사라지기 때문입니다. 하지만 만약 어느 날 아동복지시설에 있는 아이들을 위해 주말에 100인분의 짜장면을 만들어야 한다고 생각해 봅시다. 어떤 사람은 '그건 시간 낭비야. 남을 위해 요리할 시간이 없어'라고 생각할 수 있습니다. 하지만 또 다른 사람은 기꺼이 그 아이들을 위해 짜장면을 만들어 주겠다고 결심할 수도 있습니다. 결심할 때 어떤 일이 시작됩니까? 지금까지 한 번도 만들어 본 적이 없는 100인 분을 위해 많은 것을 알아보기 시작할 것입니다. '면이 불지는 않을까?', '어떻게 해야 더 맛있게 만들 수 있을까?', '그릇을 어떻게 마련할까?', '운반은 어떻게 하지?' 등 1~2인분을 만들 때는 생각조차 하지 않았던 수많은 문제를 고민하게 될 것입니다. 사람들과 협력하기 시작할 것입니다. 그리고 마침내 100인분의 짜장면을 완성하고 나면, 어떤 일이 벌어질까요? 그 과정에서 배운 모든 것이 고스란히 자신의 실력으로 남습니다. 혼자 집에 돌아가 시간 낭비라고 생각했던 사람보다 더 커지고 성장하게 된 것입니다. 자신도 모르게 섬김을 통해 더 큰 성장을 경험하게 된 것입니다. 이렇게 남을 위해 헌신할 때, 우리는 더 많은 것을 배우고, 그 배움이 결국 우리 자신을 성장하게 만듭니다.

남을 위해 뛰는 사람이 훨씬 덜 지칩니다. 참 신기한

일입니다. 자기 자신만을 위해 사는 사람은 어떠합니까? 모든 시선이 자기 자신에게만 머물러 있습니다. 그래서 뭔가를 하다가 자기 에너지가 다 떨어지면 그냥 그 자리에 멈춥니다. 끝은 늘 자기가 지친 상태에서 마무리 됩니다. 그러니까 이기적으로 사는 사람들은 항상 지쳐 있고, 항상 패배한 상태에서 끝을 맞이합니다. 하지만 남을 위해 사는 사람은 다릅니다. 그들의 생활 리듬은 다른 사람에게 맞춰져 있습니다. 그들이 멈출 때는 상대방이 지쳤을 때입니다. 그렇기에 멈추더라도 힘이 남아 있습니다. 그들의 마음에는 '내가 어떻게 하면 이 사람을 더 섬길 수 있을까?', '어떻게 더 어떻게 도와줄 수 있을까'라는 생각이 늘 자리 잡고 있습니다. 그들은 자신의 피로를 신경 쓰지 않고, 상대방의 필요에 맞춰 행동합니다. 상대방이 잠깐 쉬자고 말할 때, 그들은 여전히 에너지가 넘치는 상태로 있는 것입니다.

섬기는 자가 항상 힘을 얻습니다. 크리스천의 사명에 대해서 오해하는 것이 있습니다. '리더가 되는 것'을 사명으로 알고 있는 자들이 많습니다. 그러나 우리의 사명은 '리더가 되자'가 아닌 '예수님을 따르자'입니다. 예수님의 방식, 예수님의 삶, 예수님의 생활 리듬을 따르는 것이 우리의 진정한 부르심의 목적입니다. 예수님을 닮는 것입니다. 더 쉽게 말하면, 예수님의 행동을 카피(Copy)하는 것입니다. 크리스천은 예수님이 하신 행동을 하루에 한 가지씩이라도 따라하는 자들입니다. 100개의 교리를 외우는 것보다 중요한 것은, 예수님이 삭개오에게 하신 행동 한 가지를 실천하는 것입니다. 예수님처럼, 우리는 섬김과 사랑을 통해 하나님의 말씀을 나누는 게스트가 아닌, 호스트로서 이 사명을 감당해야 합니다. Copy Jesus.

문제가 생겨 기도하려고 할 때, 기도가 나오지 않을 때가 있습니다. 목사인 저도 마찬가지입니다. 참 이상합니다. 힘들면 하나님이 도와주신다고 배웠는데 하나님이 느껴지지 않습니다. 그래서 고통 그 자체가 아프기보다 오히려 하나님의 부재 때문에 더 힘이 들 때가 있습니다. 프랑스의 잔느 귀용(Jeanne Guyon)이라는 신앙인이 이런 이야기를 했습니다. "영적 생활에서 가장 힘든 것은 바로 참는 것이다." 하나님에 대해 즉, 그가 하시는 일에 대해 이해가 안 될 때 인내하는 것이 가장 어렵다고 말했습니다. 일리가 있는 말입니다. 창세기 속 아브라함에게도 참기 힘든 일이 있었습니다. 바로 하나님의 언약으로 100세가 되어 얻은 아들 이삭을 하나님께서 바치라고 하셨던 순간입니다. 물론 아브라함이 "이에 아브라함이 종들에게 이르되 너희는 나귀와 함께 여기서 기다리라 내가 아이와 함께 저기 가서 예배하고 우리가 너희에게로 돌아오리라 하고"(창 22:5)라고 종들에게 돌아오겠다 약속한 것을 보면, 아브라함에게 하나님이 이삭을 죽이지 않으리라는 믿음이 있었음을 알 수 있습니다. 그렇다 할지라도, 이때 아브라함의 심정은 최소한 기쁘지는 않았을 것입니다.

자, 여기서 잠시 아브라함의 시각으로 바라봐 봅시다. 아브라함은 이삭을 데리고 갈 때 산의 한쪽 면만 보고 올라가는 모양새였을 것입니다. 그 위에 무엇이 있는지, 이후에 어떤 일이 일어날 것인지 미래에 대해 알 수 없었습니다. 산을 마주하고 있는 자신의 모습이 현재 자신의 마음이었을 것입니다. 그런데 우리는 결말을 알고 있습니다. 하나님은 아브라함이 이삭을 바치는 것을 멈추게 하셨고, 대신 숫양을 준비해 주셨습니다. 아브라함이 산만 바라보고 올라가고 있을 때 하나님은 반대편에서 숫양을 올려 보내고 계셨다는 것입니다. 하나님은 지금도 우리가 보지 못하는 반대편에서 우리의 기도 제목에 대한 기도 응답을 올려 보내고 계십니다. 산등성이에 압도되어서 실망해서는 안 됩니다. 만약, 아브라함이 산을 열심히 오르다가, '그래, 마트 가서 양 하나 사서 올라가자', '하나님, 저 돌아갈래요'라고 말했다면, 반대편의 숫양도 그냥 내려갔을 것입니다. 그런데 그가 낙심하지 않고, 산이라는 상황을 바라보지 않고 기도를 그치지 않자 응답을 만난 것입니다. 기도 제목을 들고 올라가는 아브라함과 기도 응답인 숫양, 이 두 가지를 동시에 보고 계신 분은 하나님이십니다. 우리가 하나님께 가까이 가면 평안한 이유가 이것입니다. 주님 품에 안기면 다 보입니다. 한쪽에서 기도 제목을 들고 올라가는 나의 모습과 반대편에서 올라오는 기도 응답 모두 내려다볼 수 있는 것입니다. 그래서 많은 찬양 가사 속에 '가까이'라는 단어가 등장하는 것입니다. "주께 가까이", "주께 가오니", "내가 매일 십자가 앞에 더 가까이 가오니" 등의 가사처럼 하나님께 가까이 가면 다 내려다보이기 때문입니다. 거기서 안도의 한숨이 내어지는 것입니다. '그렇구나, 반대편에서 숫양이 올라오고 있구나' 하고 말입니다.

하나님께서 노크교회를 통해 일하실 때도 앞이 전혀 보이지 않는 순간이 있었습니다. 성도들이 결혼하고 아이를 낳으면서 많은 부부가 교회에 출석하게 되었습니다. 자연스럽게 키즈 예배 공간이 필요해졌습니다. 바로 그때, 하나님께서는 알맞은 시기에 같은 건물 2층을 키즈 워십 공간으로 허락해 주셨습니다. 그러던 중 교회 뒤편에서 새로운 건물을 짓는 과정에서 그들의 실수로 인해 교회가 장마 때 침수 피해를 입었습니다. 구청과 신문고에 문제를 제기했지만, 공사가 이미 끝났다는 이유로 적절한 보상을 받지 못한 채 예배를 계속 드려야만 했습니다. 그 후 약 1년 동안 한 주도 빠짐없이 새로운 사람들이 교회를 찾아왔고, 많은 성도가 정착하게 되었습니다. 교회는 다시 더 많은 공간이 필요해졌습니다. 그때, 하나님께서 같은 건물의 1층을 허락해 주셨습니다. 만약 1층을 허락해 주시지 않았다면 상황이 복잡해질 수 있었습니다. 2층은 키즈 예배실, 지하는 메인 예배실이 있었는데, 만약 1층에 주일에 영업하는 가게가 들어오면 예배에 방해가 될 수도 있는 상황이었기 때문입니다. 비록 여러 이유로 부담이 있었지만, 우리는 믿음으로 나아가기로 했습니다. 그렇게 예배 공간을 위해 11월에 공사 시작을 목표로 세우고 4곳의 견적을 받았습니다. 총 1억 6천만 원이 필요하다는 결론에 이르렀습니다. 노크교회에게 있어서는 너무나 큰 금액이었습니다. 신기한 것은 마침 1층을 확보하기 전부터 전 온 성도들이 마음을 모아 21일 금식 기도를 하고 있었습니다.

저는 교회의 비전을 주일 예배를 통해 성도들에게 알리고, 함께 기도하자고 요청했습니다. 하나님께서 이 과정을 통해 어떻게 역사하실지 기대하자고 선포했습니다.

제가 노크교회의 담임으로서 11년 동안 사역하며 배운 것은 공급은 비전을 따라온다는 것입니다. 저는 '어디서 돈을 구하지?'를 먼저 걱정하지 않습니다. 대신 하나님이 주신 사역에 집중합니다. 그리고 믿음으로 첫발을 내딛을 때 놀랍게도 필요한 자원들이 뒤따라 왔습니다. 성경을 보면, 하나님이 우리에게 말씀하시는 방식이 있습니다. 하나님은 '무엇'을 먼저 보여 주십니다. 소위 비전이라고 하는 것이죠. 그다음 하나님은 우리가 '어떻게' 할지를 차츰차츰 보여 주십니다. 이번에도 기도하며 믿음으로 첫발을 내딛자 하나님의 일이 펼쳐졌습니다. 하나님은 3주 동안 성도들을 통해 1억 2천만을 모아 주셨습니다. 노크교회의 구성원 대부분이 청년들임을 감안할 때 실로 기적이 아닐 수 없었습니다. 이처럼 하나님은 하나님이 보여 주신 '무엇'에 대해 믿음으로 나아갈 때, '어떻게'를 보여 주십니다.

여러분, 혹시 '어떻게 될까?'를 걱정하며 멈춰 서 있으십니까? '어떻게'는 여러분의 문제가 아닙니다. '무엇'이 중요합니다. 하나님께서 여러분에게 무엇을 하라고 말씀하셨다면, 우리의 반응은 '어떻게 하죠?'가 아니라, '예, 주님!'이어야 합니다. 순종하십시오. 그러면 하나님께서 그 계획을 이루어 가실 것입니다. 하나님은 이미 반대편에서 숫양을 준비하고 계십니다. 멈추지 마십시오. 기도하십시오. 당신의 기도 응답은 지금 반대편에서 올라오고 있습니다.

교회 같지 않게 만들어 주세요

상상력에는 두 가지가 있습니다. '내가 얼만큼 좋아질 것인가'와 '내가 얼만큼 나빠질 것인가'가 있습니다. 하나님 안에서 내가 얼마나 나아질 것인가 기대하는 상상력이 있는 반면, 두려움으로 상상력이 커지는 경우가 있습니다. 우리 모두에게는 상상력이 있습니다. 어떤 사람은 가만히 놔두면 하나님을 생각하지도 않습니다. 두려움의 상상력을 엄청난 속도로 가속화시킵니다. 그 사람 머릿속에서는 벌써 지구가 종말을 맞이했습니다. 반면, 어떤 사람은 같은 상상을 해도 하나님이 일하실 것들을 상상합니다. 여러분 잊지 마십시오. 하나님께서는 우리가 상상할 수 있는 것보다 더 큰 일을 할 수 있는 분이십니다. 그렇다면 보이는 것에 집중하기보다 나의 눈에 보이지 않는 것에 대한 상상력을 어떻게 쓰는지 확인해 봐야 합니다.

일만 터졌다면 두려움으로 달려가십니까? '어, 죽는 거 아니야? 망하는 거 아니야?' 이럴 때를 위해 하나님이 놀라운 이야기를 해 주셨습니다. '내 귀에 들린 대로 너한테 해 주리라.' 민수기 14장 28절 말씀입니다. "그들에게 이르기를 여호와의 말씀에 내 삶을 두고 맹세하노라 너희 말이 내 귀에 들린 대로 내가 너희에게 행하리니" 말조심하라는 겁니다. 교회가 할 일이 뭡니까? '두려운 쪽으로 상상하지 마십시오! 하나님이 우리와 함께 계시니, 그분을 통해 당신의 삶을 다시 상상하십시오!' 이것을 외치는 것이 교회가 할 일입니다. 상상력을 잘못 쓰고 있는 사람들을 교회에 오게 하는 것이 우리의 사명입니다. 이미 자기는 끝났다고 하는 사람들, 이미 나는 중독에 절었다는 사람들, 그 사람들이 교회에 나와야지 살 수 있는 것 아닙니까? 와야 무엇이라도 듣고, 공동체에서의 역할도 할 것 아닙니까? 하지만 그들은 계속 그늘 속에 머물고 있습니다. 교회는 재미없다 말하고, 교회는 별것 없다고 말합니다. 그런 의미에서, 그들을 교회로 나오게 하기 위해서는 교회의 겉모습도 중요합니다.

재미있는 일이 있었습니다. 한번은 목사님들과 커피를 마셨습니다. 대화를 나누던 도중 한 분이 "교회가 겉이 뭐가 중요해? 안에 말씀만 충만하면 되지!"라고 말씀하시며 커피를 마시러 가자고 하시길래 제가 가까운 카페로 안내해 드렸습니다. 그러자 그분이 말씀하셨습니다. "여기 인테리어가 별로야, 내가 힙한 곳을 알아, 가자고!" 제가 "커피 맛만 좋으면 되는 것 아닌가요?"라고 묻자 "박 목사! 커피는 음료가 아니라 문화야, 다른 데 가자"라고 대답하셨습니다. 자 여기서, 한번 생각해 보겠습니다. 카페도 인테리어가 예뻐서 사람들이 방문한다면, 우리도 이 사실을 이용하면 되지 않습니까? 우리는 더 중요한 생명의 음료 되신 예수님을 사랑을 전하는 사람들이 아닙니까?

2024년, 노크교회는 교회의 1층을 새로 오신 분들을 맞이하는 공간으로 공사하면서, 교회 같지 않은 인상을 만들고자 했습니다. 예배실이야 그런 적용을 많이 할 수 없겠지만, 1층 라운지는 그렇게 할 수 있을 것 같았습니다. 사람들이 자연스럽게 교회와 하나될 수 있는 장소를 만들고 싶었습니다. '이게 교회라고?' 사람들이 놀라는 순간부터 마음이 열리기 때문입니다. 우리의 목적은 많은 사람이 하나님께 가까이 오는 것이기에 거기로 상상력을 발휘하기로 한 것입니다.

여러분은 상상력을 언제 발휘하십니까? 발휘해야 할 때는 '바로 지금'입니다. 여전히 하나님을 알지 못하는 사람들이 너무나 많습니다. 지난 주말에 저는 결혼식에 다녀왔고, 이번 주말에는 장례식에 다녀왔습니다. 그것이 인생입니다. 사람의 탄생과 죽음이 매 순간 일어나고 있습니다. 그럼에도 예수님을 모르는 사람들이 너무 많습니다. 나와 교리가 다르다는 이유만으로, 이 사람이 중독에 빠졌다는 이유만으로, 무능력하다는 이유만으로 우리가 돌보지 않는 사람이 너무나 많습니다. 그렇다면 해결책은 무엇입니까?

2,000년 전에 예수님이 우리에게 주신 해결책이 있습니다. 예수님이 말씀하셨습니다.

"야, 너희들 아무것도 하지 말고 잠시만 기다려봐"

"저희요?"

"어, 너희 120명 다락방에 잠시 있어 봐"

그렇게 우리에게 성령을 주셨습니다. 그리고 그 자리에서 무엇이 탄생합니까? 교회가 탄생합니다. "사도와 함께 모이사 그들에게 분부하여 이르시되 예루살렘을 떠나지 말고 내게서 들은 바 아버지께서 약속하신 것을 기다리라 요한은 물로 세례를 베풀었으나 너희는 몇 날이 못 되어 성령으로 세례를 받으리라 하셨느니라"(행 1:4-5). 교회만이 그 일을 할 수 있다는 것입니다. 교회만이 사람들의 영혼을 적셔 줄 수 있다는 것입니다.

교회에게 묻고 싶습니다. 세상을 보면서 어떤 상상을 하고 있습니까? 하나님께서 다시 세우실 것을 상상하고 있습니까? 아니면 이제 한국교회는 끝났다고 생각합니까? '한국교회', 무슨 의도를 전달하려고 그 단어를 쓰는지는 알겠습니다. 나라와 민족을 위해 기도하는 마음을 표현한 단어라고 생각합니다. 그러나 여러분 냉정하게는 한국교회라는 것은 없습니다. 그런 교회는 존재하지 않습니다. 그 단어는 너무나 추상적입니다. 연기 같은 단어입니다. 한국교회가 무너지고 있다고 말하기에는, 세워지고 있는 교회도 너무나 많습니다. 굳이 말한다면 한국교회는 오늘 내가 이 자리에서 섬기고 있는 교회입니다. 내 교회를 예수님 안에서 잘 세우면, 그게 한국의 교회입니다. 그 교회를 보고 다른 교회가 다시 일어납니다. 나에게 맡겨진 청년들을 하나님 안에서 건강하게 상상하게 만들고, 이번 주 주일학교에 온 아이들을 예수님 안에서 그들의 미래를 상상하게 만들면, 한국교회가 세워지는 것입니다. 꿈속 나라 파랑새같이 저 멀리 한국교회가 있는 것이 아닙니다. 오늘 지금 내가 섬기고 있는 교회가 한국교회인 것입니다.

우리는 상상해야 합니다. 우리 하나님 아버지가 그러셨기 때문입니다. 잔해 위에서 세워질 성벽을 상상하시기 바랍니다. "하나님은 죽은 자를 살리시며 없는 것을 있는 것으로 부르시는 이시니라"(롬 4:17b). 당신의 상상력, 오늘 어디로 향하고 있습니까?

선을 넘는 결단

　성경에서 자주 등장하는 환자는 나병 환자입니다. 그런데 열왕기하 7장에 등장하는 나병 환자는 조금 특별합니다. 이들은 단순히 나병만 앓고 있던 게 아닙니다. 기근과 전쟁까지, 말 그대로 쓰리 콤보를 겪고 있었습니다. 나병 환자 중에서도 가장 어려운 상황이었을 겁니다. 그런데 이들은 남다른 행동을 합니다. '여기서 그냥 죽기를 기다리겠느냐?'라고 말하며 과감하게 적진으로 들어가기로 결단했습니다. "성문어귀에 나병 환자 네 사람이 있더니 그 친구에게 서로 말하되 우리가 어찌하여 여기 앉아서 죽기를 기다리랴"(왕하 7:3). 그들이 적진에 들어가자 하나님은 아람 군대에게 병거 소리와 말 소리를 들리게 하셔서 적들이 놀라 도망가게 하셨습니다. "이는 주께서 아람 군대로 병거 소리와 말 소리와 큰 군대의 소리를 듣게 하셨으므로 … 그 장막과 말과 나귀를 버리고 진영을 그대로 두고 목숨을 위하여 도망하였음이라"(왕하 7:6-7). 그들이 적진을 넘을 때 나병 환자들은 하나님이 준비하신 것을 그곳에서 발견했습니다. 우리도 고정관념과 두려움의 선을 넘을 때, 하나님이 준비하신 것을 발견하게 될 것입니다. 내가 행동하면 이미 하나님이 행동하고 계셨음을 알게 될 것입니다.

노크교회가 11년이 되었다고 하면 많은 분이 놀라십니다. 대부분 요즘 떠오르는 교회인 줄 알았다는 반응이 많습니다. 노크교회의 시작은 앞서 말했듯 노크워십이었습니다. 전공자도 아닌 자들이 모여서, 우리가 함께 묵상한 내용으로 작곡을 하고. 많은 사람과 함께 찬양할 때 어떤 일이 일어날까 생각했던 호기심에서 시작되었습니다. 그때 모임의 이름은 '갈급'이었습니다. 말 그대로 갈급했기 때문입니다. 사람들이 있든 없든, 우리는 노래했습니다. 2014년도에 노크교회를 개척했을때, 저는 말씀에 집중하기로 했습니다. 많은 사람이 제가 개척하면 찬양 중심으로 사역할 거라고 예상했습니다. 초창기에 노크교회를 방문했던 분들은 의외의 모습에 몹시 놀라셨습니다. 깔끔한 양복을 입고 새벽예배, 수요예배, 금요예배를 철저하게 드리고 있으니 말입니다. 이유가 있었습니다. 저는 제가 성도들에게 줄 수 있는 것이 장의자도 강대상도 아닌 오직 말씀뿐이라고 생각했습니다. 그래서 부교역자 퇴직금의 대부분을 책을 사는 데 소비했습니다. 목사가 말씀에 자신이 없으면, 그때부터 교회 정치판이나 신사도운동 같은 편법으로 성도들을 모으려 하게 되기 때문입니다. 말씀에 자신이 없으니 다른 방법을 찾게 되는 것입니다. 그런 방식은 오래 가지 못합니다. 목사는 말씀을 잘 전달해야 합니다. 새로운 것을 전하라는 것이 아닙니다. 그것은 이단입니다. 이미 주어진 말씀을 쉽고 정확하게 성도들이 들을 수 있도록 어떻게 전달할지 고민하라는 것입니다. 개척 후 3년 동안은 당시 변광훈 전도사님께서 찬양을 담당하셨습니다. 지금은 목사 안수를 받으시고 저와 함께 사역하고 있습니다. 변광훈 목사님은 제가 군대를 전역할 때 고등학교 3학년 학생으로 만나 그 인연으로 노크교회까지 이어진 신기하고 감사한 동역자입니다. 그의 동생 변광우 전도사님도 노크워십 때부터 함께했습니다. 그들이 바로 노크교회가 이 자리에 있게 한 원동력이었습니다. 우리는 서로 놀라운 팀워크를 발휘하며 여전히 함께하고 있습니다. 초창기 노크교회는 밴드가 없었습니다. 개척 교회이니 찬양팀이 완전히 구성될 리가 없었죠. 그래서 저는 의문이 들었습니다. '개척교회라서 드럼이 없으면 계속 드럼 없이 예배를 드려야 하나?', '피아노 연주자가 올 때까지 기다려야만 하는가?', '개척교회라면 무조건 통기타로만 해야 하나?' 다른 방법은 없는지 고민하게 되었습니다. 또 하나의 생각이 제 안에 있었습니다. 기존 찬양팀에서 자주 보았던, '저 형님이 와야 이 곡은 드럼이 살아나', '저 누나가 쳐야지 이 곡의 건반이 살지'와 같은 생각은, 결국 사람이 중심이 되어 연주자 눈치를 보며 팀 전체가 기형적으로 운영되는 모습으로 이어지곤 했습니다. 그런 모습은 제가 바라는 그림이 아니었습니다. 그래서 우리는 멀티트랙을 일찌감치 도입했습니다. 미리 녹음하고 준비한 트랙을 예배에서 재생했습니다. 보통은 예배 전까지 리허설을 하느라 애를 쓰고, 막상 예배에서 실수하면 다시 스트레스를 받기 마련입니다. 하지만 우리는 트랙을 미리 준비함으로써 베이스 연주자가 있는 날은 베이스를 연주하게 하고, 없는 날은 트랙으로 대체하는 방식으로 운영했습니다. 그 시간에 베이스 연주자는 회중석에서 예배를 드릴 수 있었죠. 이 방법을 통해 우리는 찬양팀의 기도 시간과 교제 시간을 확보했고, 각자의 애드리브나 기존 실력에 의존하는 것이 아니라 철저한 연습을 통해 강단에 설 수 있는 구조로 만들었습니다. 지금은 멀티트랙 덕분에 팀이 점점 안정화되어 더 풍성한 예배를 드리고 있습니다. 우리는 이렇게 계속해서 새로운 시도를 하고 변화를 도입하며 나아가고 있습니다.

코로나 방역 시기 때, 노크교회에는 키즈예배가 없었습니다. 많은 사람이 교회가 아무것도 하면 안 되고, 무엇이든 해 봐야 소용 없다 말했습니다. 그러나 저는 그 말이 '그럼 무엇이든 해 봐도 된다'는 의미로 들렸습니다. 어디선가 예배를 드리고 있을 키즈들이 있을 것이라고 생각했고, 온라인으로 키즈예배를 시작했습니다. 그렇게 키즈예배를 온라인으로 송출하던 어느 날, 변광훈 목사님이 CTS 기독교방송에서 주최하는 기독교 콘텐츠 대회에 노크교회 키즈예배 콘텐츠를 출품했다고 말했습니다. 그때는 그냥 그랬구나 생각했습니다. 수상은 기대하지도 않았습니다. 투표로 진행을 하다 보니 교인이 많은 교회가 당연히 유리하리라 생각했습니다. 그런데 며칠 후 심사위원 만장일치로 대상을 수상했다는 연락을 받았습니다. 노크교회 키즈예배가 재미와 정성이 모두 느껴졌다는 평가를 받았습니다. 그 후로 노크교회의 키즈예배는 CTS 기독교 방송에 방영되었고, 미주 지역까지 송출되는 기회가 주어졌습니다. 우리는 이렇게 믿음의 발자국을 한걸음씩 떼었습니다. 이때 알았습니다. 복음은 선을 넘는 것입니다. 예수님의 사명을 한마디로 정리하면, '막힌 담을 허무는 일'이었습니다. 예수님은 한계를 뛰어넘으셨습니다. 예수님의 영이 임하지 않으면 교회 안에서는 서로 싸우고 정죄할 뿐, 아무것도 이루어지지 않습니다. 그러나 하나님의 영이 임하면, 그때부터 교회는 밖에 있는 영혼들을 보게 됩니다. 벽을 깨고 담을 부수며, 선을 넘기 시작하는 것입니다. 이것이 성령이 임한 교회의 능력입니다. 실패를 두려워하지 않고 선을 넘으며 복음을 증거할 때, 역사가 일어납니다. 예수님과 함께 선을 넘으시기 바랍니다.

노크교회는 많은 사람, 다양한 사람을 환영하는 곳입니다. 특별히 하나님에게서 멀리 떨어진 사람들을 가까이 이끌어 오는 것을 사명으로 삼은 교회입니다. 그러나 이 미션을 수행하기 위해서는 꼭 기억해야 할 것이 있습니다. 우리가 그들에게 '걸림돌'이 되어서는 안 된다는 것입니다. 각자 하고 싶은 것들이 있고, 각자의 선호나 취향이 다를 것입니다. 믿음의 크기 또한 제각각일 수 있습니다. 그러나 중요한 것은, 각자가 하고 싶은 것을 고집하기 전에 한 번 더 생각해 보라는 것입니다. 로마서 14장 15절은 "만일 음식으로 말미암아 네 형제가 근심하게 되면 이는 네가 사랑으로 행하지 아니함이라 그리스도께서 대신하여 죽으신 형제를 네 음식으로 망하게 하지 말라"라고 말합니다. 음식으로도 사람을 망하게 한다니? 이 말은 네가 아무리 옳다고 생각해도, 상대가 걱정하거나 혼란스러워한다면 하지 말라는 뜻입니다. 예를 들어, 네가 먹는 음식이 아무런 문제가 없다고 생각해도, 새신자나 믿음이 약한 사람이 그것을 보고 신앙적으로 혼란을 느끼면 그 사람을 배려하라는 것입니다. 이어서 21절에는 그 이유를 그 형제가 언제 하나님께 귀하게 쓰일지 모르기 때문이라고 말합니다. 즉, 바울이 말하고 있는 것은 네가 먹는 음식으로 다른 사람이 신앙적으로 혼란을 겪고 넘어지게 하지 말라는 것입니다. 약한 자가, 새신자가 그리고 이제 막 예수 믿은 사람이, 그리고 아직 믿음이 거기까지 도달하지 않은 사람이 나의 행동을 보고 오해할 것 같으면 그렇게 하지 말라고 조언하는 것입니다. 예를 들면 제가 식당에서 밥을 먹는데, 사장님이 물컵이 소주잔 밖에 없는데 괜찮냐고 제게 물었다고 가정해 봅시다. 심지어 식당은 통유리로 비치는데다가 교회 바로 앞인 상황입니다. 또 때마침 주일입니다. 마시는 게 물이라 상관 없다고 생각하며 제가 소주잔에 물을 따라 마셨다고 해 봅시다. 그런데 생각해 보세요. 이렇게까지 꼭 물을 소주잔에 마셔야만 하는 일입니까? 죽고 사냐의 문제처럼 중요한 것입니까? 이거 하지 말라는 것입니다. 스스로는 양심에 거리낌이 없다고 말할 수 있습니다. 그러나 나와 하나님과의 관계와 동시에 성도와의 관계도 생각해야 합니다. 또 다른 예를 들면, 제가 리더들과 모임을 하는 상황입니다. 밖에서 함께 맛있는 것을 먹었습니다. 식사 후 같이 산책하다가 사진을 찍었습니다. 그런데 배경이 호프집입니다. '생맥주 1+1!' 문구가 큼지막하게 찍혔습니다. 하필 사진은 또 너무 잘 나왔습니다. 이거 인스타그램에 올려야 되겠습니까? 올리지 말아야 합니다. '왜? 내가 나온 사진인데, 우린 안 마셨는데 왜?' 그렇게 바득바득 올려야만 되겠냐는 것입니다. 믿음이 약한 자는 이것을 보고 오해할 수 있다는 것입니다. 그래서 저는 사실 성도들 인스타그램의 스토리도 잘 안 봅니다. 심장이 철렁거립니다. 게시물은 선택해서 볼 수 있지만, 스토리는 자동으로 다음 사진이 넘어갑니다. 그때 술이나 와인 사진을 올린 성도의 게시물을 맞딱뜨리면 가슴이 철렁합니다. '아, 내가 잘못 가르쳤구나.' 진짜 힘이 쫙 빠집니다. 목사 말고는 그 느낌을 모를 것입니다. PT 5회 한 느낌입니다. 다음 설교할 힘도 사라져서 끌어올려야 할 정도입니다. '도대체 무슨 설교를 해야 성도들이 알아들을까.' 사실 그러면서, 저한테는 성장이 됩니다. '그래 박찬열, 너 한참 멀었다. 너 지금까지 뭐 설교했냐?'

베드로전서 2장 5절은 이렇게 말합니다. "너희도 산 돌 같이 신령한 집으로 세워지고 예수 그리스도로 말미암아 하나님이 기쁘게 받으실 신령한 제사를 드릴 거룩한 제사장이 될지니라." 이 말씀은 우리가 살아 있는 돌이라는 뜻입니다. 그런데 바울은 또 다른 이야기를 합니다. 우리가 살아 있는 돌이 될 수도 있지만, 반대로 걸림돌이 될 수도 있다는 것입니다. 로마서 14장 13절에서 바울은 이렇게 말합니다. "그런즉 우리가 다시는 서로 비판하지 말고 도리어 부딪칠 것이나 거칠 것을 형제 앞에 두지 아니하도록 주의하라." 이 말씀을 들을 때마다 저는 스스로에게 묻습니다. '나는 오늘 하나님 나라에 도움이 되는 디딤돌이 되었을까? 아니면 나도 모르게 걸림돌이 되었을까?' 가끔 제 행동이 누군가에게 걸림돌이 되었을까 걱정될 때가 있습니다. 그럴 땐 '차라리 말을 하지 않았더라면 좋았을 텐데' 하고 후회가 됩니다. 이런 순간들이 참 많아서 그냥 넘길 수가 없습니다. 그래서 제가 SNS에 올린 게시물도 다시 한번 돌아보게 됩니다. 바울이 로마서에서 말하는 것도 바로 이겁니다. 우리는 하나님 나라에서 살아 있는 돌처럼 중요한 존재일 수 있지만, 잘못하면 누군가를 넘어뜨리는 걸림돌이 될 수도 있다는 것입니다. 그러니 항상 기억해야 합니다. '하나님, 제가 주님의 손과 발이 되어 누군가를 세우는 디딤돌이 되기를 원합니다.' 이렇게 우리가 디딤돌이 되었을 때, 그 결과는 로마서 15장 13b절에서 그 답을 찾을 수 있습니다. "성령의 능력으로 소망이 넘치게 하시기를 원하노라." 형제를 정죄하지 않고, 실족하지 않게 하는 이유는 하나입니다. 그가 소망이 넘치도록 돕기 위함입니다. 우리가 서로 열린 마음으로 대하는 이유도 하나입니다. 하지만 그 과정은 우리 힘만으로 되는 것이 아닙니다. 성경은 '성령의 능력'으로 그 일이 이루어진다고 말합니다. 로마서가 쓰였던 당시, 로마 교회에는 유대인 신자들과 이방인 신자들이 함께 있었습니다. 유대인들은 오랫동안 율법을 지켜 왔고, 이방인들은 그런 전통을 따르지 않았습니다. 그러다 보니 서로 생각이 달라서 갈등이 생길 수밖에 없었습니다. 믿음이 약한 사람들도 많았기에 사도 바울은 로마서를 통해 이렇게 말했습니다. '서로 비난하지 말고 하나가 되어라. 믿음이 약한 형제들을 배려하고, 그들이 소망을 가지고 성장할 수 있도록 도와라.' 중요한 건, 이 메시지가 지금의 교회에도 똑같이 적용된다는 것입니다. 교회에는 다양한 배경과 신앙 수준을 가진 사람들이 모여 있습니다. 우리가 해야 할 일은 딱 하나입니다. 서로를 세우고, 소망을 주며 함께 나아가는 것입니다. 저는 그 변화를 볼 준비가 되어 있습니다. 여러분도 볼 준비가 되셨습니까? 하나님의 능력으로 변화될 사람들, 그분의 사랑으로 새롭게 될 인생들을 우리 함께 목격합시다.

캐나다 할머니의 느린 걸음

성경 66권 모든 곳에 약한 자가 등장합니다. 동시에 그 약한 자를 사용하시는 하나님도 등장하십니다. 마귀는 복음이라는 메시지를 공격할 수는 없으니, 메신저인 사람을 공격합니다. 그 공격 중에 하나가 '하나님은 나를 쓰실 수 없다'라는 생각을 갖게 만드는 것입니다. 지금 혹시 나의 느림 또는 부족함 때문에 하나님께서 나를 사용하시지 않는다고 생각하고 계십니까?

2024년 여름, 노크교회가 캐나다 선교를 갔을 때였습니다. 난민을 돕는 모든 사역을 마치고 한국으로 돌아가기 위해 공항으로 가는 길이었습니다. 운전하는 리더가 쌓인 피로로 인해 힘들어하는 것 같아, 저는 운전자와 교체를 하고자 했습니다. 하지만 도심지의 출근 시간을 지나고 있어 교체할 타이밍이 좀처럼 생기지 않았습니다. 애매하게 차들이 앞으로 가고 있는 상황이 계속되었고, 저는 운전하는 리더에게 "우리가 갈 곳은 천국이 아니에요. 한국입니다"라고 농담을 건넸지만, 이대로 계속 운전을 한다면 천국은 정말 시간문제였습니다. 그때, 한 할머니가 길을 건너고자 서 있는 모습이 제 눈에 들어왔습니다. '곧 신호가 빨간불로 바뀔 테니 지금 건너려고 하진 않으시겠지'라고 생각하던 순간 할머니가 횡단보도에 한 발자국을 내딛으시는 광경을 보았습니다. 그렇게 할머니가 도로를 건너기 시작하자 모든 차가 일제히 그 자리에서 멈췄습니다. 할머니는 그 바쁜 도로를 아주 천천히 건너셨습니다. 저는 이때다 싶어 운전자와 빠르게 자리를 교체했습니다. 정말이지 살았다 싶었습니다. 그 할머니의 용기 있는 느린 걸음이 우리 노크교회 선교팀을 살려 준 것입니다. 할머니의 느린 걸음을 하나님이 쓰신 것입니다.

다윗은 이스라엘의 왕이었습니다. 그러나 그가 왕이 되기 이전에, 한 가정의 막내였다는 사실을 기억하십니까? 다윗은 이새의 여덟 아들 중 막내아들이었습니다. 당시는 장자를 중요시했던 시대로, 막내아들이 다른 자녀를 제치고 우선순위가 될 가능성은 0%였습니다. 그의 아버지 이새도 선지자 사무엘에게 첫째부터 일곱째 아들까지만 소개했지 다윗은 소개하지 않았습니다. 그 시간에 다윗은 양을 지키고 있었습니다. 아마도 다윗 스스로도 자신이 하나님께 쓰임받을 가능성이 전혀 없다고 생각했을 것입니다. 하지만 우리가 알다시피 막내아들인 다윗이 이스라엘의 왕이 되었습니다. 이 사실은 우리에게 굉장히 중요한 메시지입니다. '나는 너무 느려', '나는 쓰임받을 가능성이 없어', '나는 너무 약해' 혹시 이렇게 생각하고 계십니까? 하지만 이렇게 생각하는 사람이야말로, 정말로 쓰임받을 가능성이 아주 큰 사람입니다. 약한 우리를 아버지 되신 하나님이 가만 놔두시지 않기 때문입니다. 여러분, 세상은 생각보다 '무조건적인' 조건이 많습니다. 부모가 자녀를 사랑합니다. 이거 무조건입니다. 예쁜 짓 해도 사랑하고, 미운 짓 하면, 미워하지만, 곧 계속 미워할 수가 없다라는 것을 깨닫습니다. 다시 사랑합니다. 무조건입니다. 신앙생활도 마찬가지입니다. 마귀는 무조건 우리를 싫어하고, 하나님은 무조건 우리를 사랑하십니다. 그 무조건이라는 법칙이 우리를 둘러싸고 있습니다. 그래서 결국 이건 조건의 문제가 아닙니다. '무조건'입니다. 無(없을 무)에 '조건' 자입니다. 조건이 없다는 것입니다. 세상은 '조건의 문제'가 아닙니다. '누구랑 붙어 있느냐'의 싸움이라는 것입니다.

내가 지금 누구랑 붙어 있느냐의 싸움이지, 내가 하고 말고의 싸움이 아니라는 것입니다. 하나님의 자녀가 되면 그때부터는 문제가 없는 것입니다.

그런데 율법주의가 악한 건 뭐냐, 이 강력한 자녀의 끈을 끊으라고 합니다. 자녀면 모든 것이 해결되는데, 자녀의 끈만 끊으라고 합니다. '야! 그래 하나님 떠나지 마. 교회 계속 다녀. 근데 자녀 됨, 이것만 잊고 살면 안 되겠니?', '성경 읽어, 기도해, 봉사해. 근데 열심히 해야만 하나님의 자녀가 될 수 있어.' 이게 율법주의의 함정입니다. 그래서 늘 불안해합니다. 늘 두려워합니다.

복음이 무엇입니까? 하나님을 아버지라 부를 수 있게 된 사실입니다. 내가 하나님의 자녀라 부를 수 있게 된 것입니다. 무엇 때문에 그렇게 되었죠? 예수님의 십자가 때문에. 예수님의 행위 때문에! 그게 복음의 핵심입니다. 그래서 내가 하고 안 하고의 문제가 아니라는 것입니다. 갈라디아서 2장 16절에 무엇이라고 말합니까? "사람이 의롭게 되는 것은 율법의 행위로 말미암음이 아니요." 무슨 소리입니까? 의로워지는 것이 발버둥친다고 되는 것이 아니라는 말입니다. 그러면서 "오직 예수 그리스도를 믿음으로 말미암는 줄 알므로 우리도 그리스도 예수를 믿나니 이는 우리가 율법의 행위로써가 아니고 그리스도를 믿음으로써 의롭다 함을 얻으려 함이라 율법의 행위로써는 의롭다 함을 얻을 육체가 없느니라." 딱 하나 자랑할 게 있다는 것입니다. 예수님의 십자가입니다. 그래서 기독교는 행위의 종교입니다. 예수님의 행위의 종교입니다. 우리의 행위로 인정받을 사람은 아무도 없습니다. 이러한 마음은 주변의 관계도 회복됩니다. 내가 무엇인가를 하고 있다 해서 안 하고 있는 사람들을 정죄하는 버릇도 사라지게 됩니다. 잊지 마십시오. '강해지면 너를 쓰마'라는 말은 성경 어느 곳에도 나와 있지 않습니다.

고린도전서 1장 27-29절은 이렇게 말합니다. "그러나 하나님께서 세상의 미련한 것들을 택하사 지혜 있는 자들을 부끄럽게 하려 하시고 세상의 약한 것들을 택하사 강한 것들을 부끄럽게 하려 하시며 하나님께서 세상의 천한 것들과 멸시받는 것들과 없는 것들을 택하사 있는 것들을 폐하려 하시나니 이는 아무 육체도 하나님 앞에서 자랑하지 못하게 하려 하심이라." 기드온을 보십시오. 노아를 보십시오. 여호수아를 보십시오. 그들 역시 부담감과 두려움을 느꼈고, 강력한 사람들의 시선 앞에 있었습니다. 그러나 그들은 믿음의 대상을 바꾸었습니다. 두려움을 믿는 대신 하나님을 믿기로 한 것입니다. 그 차이가 모든 것을 바꿉니다. 사람이 행동하는 이유는 결국 무엇이든 믿기 때문 아닙니까? 결국, 지금 이 순간에도 두려워하는 사람들에겐 한 가지 특징이 있습니다. 자신의 약점을 믿기 때문에 두려워하는 것입니다. 믿음의 대상을 바꾸세요. 두려움을 믿지 말고, 하나님이 나를 쓰실 것임을 믿으시기 바랍니다.

한끼 뚝딱 생일 밥상을 오늘 나를

이제, 당신 차례입니다.

예수님과 함께
믿음으로
선을 넘어갑시다.

오늘 나는 선을 넘는다
제대로 살기 위해 고군분투하는 청년들을 위한 신앙백서

초판 1쇄 발행일 2025년 1월 17일

지은이 박찬열

발행인   김은호
편집인   주경훈
책임 편집 김일용
편집   박선규 권수민 이민경 문은향
디자인   황예나

발행처 도서출판 꿈미
등록 제2014-000035호(2014년 7월 18일)
주소 서울시 강동구 양재대로81길 39, 2층 2호
전화 070-4352-4143, 02-6413-4896
팩스 02-470-1397
홈페이지 http://www.coommi.org
쇼핑몰 http://www.coommimall.com
메일 book@coommimall.com
인스타그램 @coommi_books

ISBN 979-11-93465-55-4 03230

도서출판 꿈미는 가정과 교회가 연합하여 다음세대를 일으키는 대안적 크리스천 교육
기관인 사단법인 꿈이 있는 미래의 사역을 돕기 위해 월간지와 교재, 각종 도서를 출간
합니다.